COUVERTURE SUPERIEURE ET INFERIEURE
EN COULEUR

LES ORIGINES

DE

LA DIPLOMATIE

ET

LE DROIT D'AMBASSADE JUSQU'A GROTIUS

PAR

ERNEST NYS

Juge au tribunal de 1re instance de Bruxelles,
Associé de l'Institut de droit international.

BRUXELLES
LIBRAIRIE EUROPÉENNE C. MUQUARDT
MERZBACH ET FALK, ÉDITEURS
LIBRAIRES DU ROI ET DU Cte DE FLANDRE
MÊME MAISON A LEIPZIG

1884

REVUE

DE

DROIT INTERNATIONAL ET DE LÉGISLATION COMPARÉE

La REVUE DE DROIT INTERNATIONAL parait tous les deux mois.
La Revue sert d'organe à l'Institut de droit international.

Prix : Pour la Belgique : 15 francs par an.
Pour l'Union postale : 18 — —

DIRECTION DE LA *REVUE DE DROIT INTERNATIONAL*

MM. T.-M.-C. ASSER, conseiller au Ministère des affaires étrangères, avocat et professeur à l'Université d'Amsterdam.

J. WESTLAKE, Barrister-at-Law, Q. C., The River House, Chelsea Embankment, à Londres.

E.-R.-N. ARNTZ, professeur de droit international à l'Université de Bruxelles, associé de l'Académie royale de Belgique.

ALPHONSE RIVIER, professeur à l'Université de Bruxelles, secrétaire général de l'Institut de droit international, *Rédacteur en chef*, 62, Avenue de la Toison d'Or, à Bruxelles.

E. NYS, juge au tribunal de 1re instance de Bruxelles, secrétaire de la rédaction.

FONDATEURS DE LA *REVUE DE DROIT INTERNATIONAL.*

MM. ROLIN-JAEQUEMYNS, Ministre de l'intérieur du royaume de Belgique ;
T.-M.-C. ASSER ;
J. WESTLAKE.

ÉDITEUR : Librairie C. MUQUARDT, rue de la Régence, 45, Bruxelles.

P. Weissenbruch, imprimeur du Roi, 45, rue du Poinçon, Bruxelles. — 3337.

Extrait de la *REVUE DE DROIT INTERNATIONAL*

LES ORIGINES DE LA DIPLOMATIE

ET LE DROIT D'AMBASSADE JUSQU'A GROTIUS

BRUXELLES
P. WEISSENBRUCH, IMP. DU ROI
45, RUE DU POINÇON

LES ORIGINES

DE

LA DIPLOMATIE

ET

LE DROIT D'AMBASSADE JUSQU'A GROTIUS

PAR

ERNEST NYS

Juge au tribunal de 1re instance de Bruxelles,
Associé de l'Institut de droit international.

BRUXELLES
LIBRAIRIE EUROPÉENNE C. MUQUARDT
MERZBACH ET FALK, ÉDITEURS
LIBRAIRES DU ROI ET DU Cte DE FLANDRE
45, RUE DE LA RÉGENCE, 45
MÊME MAISON A LEIPZIG

1884

A

Monsieur Louis Gessner

CONSEILLER DE LÉGATION DE L'EMPIRE D'ALLEMAGNE

MEMBRE DE L'INSTITUT DE DROIT INTERNATIONAL.

I

LA DIPLOMATIE ET LES AMBASSADES PERMANENTES.

Au XVe siècle, s'achève presque simultanément le travail d'unification de trois grands États européens. La France sort victorieuse des guerres contre l'étranger qui foulait son sol. La monarchie espagnole s'établit, grâce aux laborieux efforts de Ferdinand et d'Isabelle. L'Angleterre, que des luttes intestines ont tant affaiblie, reprend, sous l'action des Tudors, une nouvelle vigueur. Si trois nations importantes parviennent ainsi à se constituer, si, désormais sûres d'elles-mêmes et conscientes de leur rôle, elles peuvent accomplir leur mission civilisatrice, il est d'autres peuples qui cherchent encore en tâtonnant comment diriger leurs pas. Les tentatives de la maison de Bourgogne échouent; le Saint-Empire romain paraît dépourvu de toute cohésion; le travail qui s'opère dans les pays septentrionaux est trop lent pour sortir des effets immédiats; l'Italie se désagrège de plus en plus; l'empire grec, décrépit, devient la proie des Turcs, dont la redoutable puissance menace les États chrétiens de l'Europe centrale.

Un phénomène naturel se produit. Les entités nationales parvenues à leur complet développement prétendent exercer au dehors une influence prépondérante, et cette tendance d'expansion produit dans le monde une activité et un mouvement autrefois inconnus. La conquête se trouve souvent au bout des efforts tentés; quelquefois cependant ceux-ci ont simplement en vue l'affermissement de l'œuvre accomplie; ils sont inspirés par la volonté légitime et respectable de se protéger contre les empiètements d'une puissance voisine; le but de la politique est, plus qu'on ne serait tenté de le croire à première vue, la consolidation de l'unité nationale. L'isolement était la loi de l'antiquité et du moyen âge; le rapprochement des peuples sera la marque caractéristique de la période moderne. Les relations internationales seront bientôt incessantes et, somme toute, elles seront fructueuses. Une vie nouvelle commencera pour l'humanité.

L'époque dont nous nous occupons est avant tout dynastique. Ce sont les maisons souveraines qui, au pied de la lettre, forment et façonnent les nouveaux États. Des individualités puissantes — Louis XI et Ferdinand le Catholique en sont les représentants les plus complets — impriment aux peuples la marque d'un génie qu'attestent les siècles suivants. Les princes sont souvent assistés de ministres de grand talent; Wolsey, par exemple, contribue pour une large part à la grandeur de l'Angleterre. D'un autre côté, au principal rang des facteurs qui amènent la transformation de l'Europe, figure la diplomatie, dont les premiers développements remontent au XIIIe siècle et qui, depuis lors, n'a cessé de croître en importance. On ne voit d'abord que des ambassades courtes et transitoires; mais bientôt se montre une organisation plus stable, l'envoyé séjourne un temps plus ou moins long auprès du prince auquel il est accrédité, il ne quitte pas son poste pendant la durée de la liaison contractée; plus tard enfin, apparaissent les ambassades permanentes, dont l'introduction est suivie de près, dans les grands pays, par la création d'un office des affaires étrangères.

Les villes italiennes avaient donné l'exemple. Sur un terrain relativement étroit s'étaient déroulés de véritables drames politiques dont les acteurs avaient déployé une hardiesse étonnante, et dans lesquels le génie diplomatique avait été mis à même de donner toute sa mesure. Les alliances étaient faites et défaites, déplaçant successivement l'hégémonie, élevant une cité, abaissant l'autre, tendant surtout à établir un système d'équilibre entre les forces des princes et des républiques de la Péninsule. La guerre jouait aussi un rôle important dans ces complications, mais, plus encore que la guerre, la diplomatie était féconde en résultats. Il n'est pas une ville italienne qui ne puisse se montrer fière de ses habiles négociateurs. Quelques-unes de ces républiques ont produit des hommes d'État comme l'histoire n'en montre point de meilleurs. Florence, qui, au XIIIe et au XIVe siècle, compte Brunetto Latini, Dante, Pétrarque, Boccace parmi ses envoyés, possède plus tard des agents tels que les Capponi, les Vettori, les Guicciardini, les Machiavel [1]. Rome est de tout temps féconde en diplomates, et Venise, dont on a pu

[1] REUMONT, *Della diplomazia italiana dal secolo XIII al XVI*, p. 11.

dire qu'elle était « l'école et la pierre de touche des ambassadeurs [1] », remplit dans l'histoire du droit d'ambassade un rôle considérable.

L'organisation de la diplomatie vénitienne mérite d'être étudiée, d'autant plus qu'elle fonctionnait régulièrement alors que dans le reste de l'Europe l'institution était encore informe. On constate, en effet, que dès le XIIIe siècle un des grands soins de la république est de prendre une série de mesures propres à protéger l'intérêt public dans les affaires d'ambassade. En 1236, un décret du grand conseil défend aux envoyés près la cour de Rome de procurer à qui que ce soit un bénéfice quelconque sans l'ordre du doge et du petit conseil. En 1268, il est ordonné que les ambassadeurs consigneront, à leur retour, les dons qu'ils auront reçus [2]. Un autre décret leur impose le serment de traiter les affaires à l'honneur et à l'avantage de la république [3]. Vers la même époque, il est décidé que les agents diplomatiques feront à leur retour un rapport écrit sur leur mission : « *Oratores in reditu dent in nota ea quæ sunt utilia dominio.* » Une loi de 1288 décrète, dans le même ordre d'idées, que les envoyés en ambassade solennelle seront tenus de déposer par écrit, dans les quinze jours de leur retour, les réponses qui leur auront été faites pendant leur mission, ainsi que tout ce qu'ils auront noté et ce qu'ils auront entendu dire à l'honneur et dans l'intérêt de Venise. Ces dernières dispositions furent renouvelées, dans la suite, à diverses reprises, notamment en 1296, en 1425 et en 1533, et c'est à cette mesure prise par le gouvernement que sont dues les fameuses relations qui porteront à jamais un éclatant témoignage de la perspicacité, de l'habileté et du prodigieux esprit politique des ambassadeurs vénitiens.

Une série d'autres statuts relatifs au règlement des ambassades datent également du XIIIe siècle. Tous sont marqués au coin d'une prudence consommée, et c'est ainsi qu'il est établi que nul Vénitien ne peut aller en ambassade dans un pays où il a des possessions et que nul envoyé ne peut s'éloigner un seul jour de son poste. Suivant le mot de M. Gachard, « dans un temps où presque partout en Europe l'administration

(1) AMELOT DE LA HOUSSAYE, *Histoire du gouvernement de Venise.*

(2) REUMONT, ouvrage cité, pp. 65 et suivantes.

(3) ALBÈRI, *Relazioni degli ambasciatori veneti al senato*, 1re série, t. I. — ROMANIN, *Storia documentata di Venezia*, t. II, p. 353. — BASCHET, *La diplomatie vénitienne. — Les princes de l'Europe au* XVIe *siècle. François Ier, Philippe II, Catherine de Médicis. — Les papes. — Les sultans, etc.*, p. 17.

était livrée encore à la confusion et à l'anarchie, où la science politique était dans l'enfance, le grand conseil de Venise avait déjà déterminé, par des règlements précis, les devoirs de ceux que la république choisissait pour les envoyer en mission au dehors [1] ». La durée des ambassades est fixée. Au XIIIe siècle, trois ou quatre mois pour une légation semblaient déjà longs; au XVe siècle, il est décidé qu'un ambassadeur ne restera pas en fonctions auprès de la même cour pendant plus de deux ans, et vers la fin du XVIe siècle, ce terme est porté à trois ans. En 1480, il est défendu aux envoyés de conférer avec les étrangers des affaires de la république et de rien écrire sur des questions politiques à des personnes qui ne font pas partie du gouvernement; on les oblige à s'abstenir de toute communication de leurs lettres, à moins d'une autorisation expresse. Des précautions minutieuses sont prises pour empêcher les indiscrétions. Un décret du conseil des Dix, de 1481, commine la peine du bannissement et une amende de 2,000 ducats contre quiconque s'entretient des affaires de l'État avec un ministre étranger; un autre décret prononce la peine de mort contre les révélateurs, et le tribunal des inquisiteurs de l'État, *Inquisitori de' secreti*, est spécialement institué pour empêcher ou punir la divulgation des secrets d'État [2].

L'envoi des agents diplomatiques est un attribut du conseil des *Pregadi*, et depuis 1497, du sénat. L'élection se fait à la majorité des voix. L'élu doit se préparer à partir dans les quatorze mois; mais pour se mettre en route, il est obligé d'attendre un ordre exprès. Avant de quitter Venise, il reçoit du *Collegio*, ou cabinet des ministres, sa commission, qui est à la fois la lettre patente de nomination et une instruction générale indiquant à l'ambassadeur les premières démarches à faire, la durée du séjour, le chiffre du salaire et le mode d'agir. A la commission sont jointes les lettres du doge pour le souverain. Les lettres de crédit sont rédigées avec la plus grande simplicité. Dès la seconde moitié du XIVe siècle, l'italien est employé concurremment avec le latin.

Tantôt l'ambassade se compose de plusieurs ambassadeurs accompagnés de chevaliers d'honneur et de valets, tantôt elle comprend un seul envoyé accompagné d'attachés. L'agent diplomatique peut emmener

(1) GACHARD, *Les monuments de la diplomatie vénitienne considérés sous le point de vue de l'histoire moderne en général et de l'histoire de Belgique en particulier*, t. XXVII, in-4° (1853) des *Mémoires de l'Académie royale de Belgique*.

(2) ROMANIN, ouvrage cité, t. VI, p. 116. — ZELLER, *La diplomatie française vers le milieu du XVIe siècle, d'après la correspondance de Guillaume Pellicier*, p. 52.

avec lui autant de gentilshommes qu'il veut. Chaque ambassadeur a d'ailleurs un ou plusieurs secrétaires pris dans les familles nobles de deuxième rang et qui, par un usage particulier à la diplomatie vénitienne, interviennent aux conférences des ambassadeurs avec les souverains étrangers. Il est à remarquer que les envoyés suivent presque partout la cour du prince auprès duquel ils sont accrédités.

Les communications étaient difficiles et, néanmoins, l'expédition de dépêches était fréquente. Cette expédition se faisait par des courriers et, à partir du xvie siècle, par la poste ordinaire. Les envoyés florentins employaient souvent la correspondance des maisons de commerce et de banque et contribuaient aux frais de port (1). Durant sa légation de France, Machiavel a recours, à plusieurs reprises, à l'intermédiaire de la maison Dei, firme florentine établie à Lyon, et les postscripts de ses dépêches mentionnent la participation de l'ambassadeur à la moitié de la dépense nécessitée par l'expédition (2). La célérité des courriers d'ambassade était, du reste, très grande, grâce aux relais de chevaux placés de distance en distance le long de la route. En avril 1474, un courrier, expédié au roi de France par le cardinal de Rouen, promet de parcourir en treize jours la distance de Rome à Paris, et, en 1509, des lettres expédiées de Blois, le 7 février, parviennent à Venise le 14 au matin (3). Quand les envoyés diplomatiques se servaient de moyens de communication privés, ils joignaient à leur dépêche une copie de la dépêche précédente, et quand ils craignaient que les dépêches ne tombassent en des mains étrangères, ils employaient un chiffre, soit pour toute la dépêche, soit pour ses parties essentielles seulement. Quand l'ambassade comprenait plusieurs envoyés, les dépêches étaient collectives ; il arrive aussi que des dépêches sont l'œuvre de l'ambassadeur ordinaire et de l'ambassadeur extraordinaire.

On tâchait assez souvent de se soustraire aux fonctions d'ambassadeur. Dès le début, des amendes furent comminées contre ceux qui n'acceptaient pas la mission à laquelle on les nommait, ou qui, après l'avoir acceptée, refusaient de se rendre à leur poste. L'amende est de 20 *soldi* d'après un décret de 1271 ; en 1286, il est statué qu'une maladie grave

(1) Reumont, ouvrage cité, p. 216.

(2) Machiavel, *Œuvres. Légations et missions. Légation à la cour de France.* Lettre XIV.

(3) Gingins la Sarra, *Dépêches des ambassadeurs milanais sur les campagnes de Charles le Hardi.* Avant-propos, p. ii.

peut seule constituer un motif d'excuse; en 1360, il est décidé que ceux qui refuseront de partir après avoir accepté ne pourront, durant une année, revêtir une charge publique ni jouir d'un bénéfice. Un décret de 1572, concernant l'ambassade d'Espagne, dispose que le nouvel élu doit accepter dans les huit jours, et s'il est titulaire d'un autre poste, dans le mois (1).

Les dépenses d'un envoyé étaient hors de proportion avec sa rétribution, et les frais atteignaient souvent trois et même quatre fois l'indemnité allouée. Nombre de dépêches et de relations signalent ce point, et plus d'un ambassadeur se répand en amères récriminations. « Messieurs », lit-on dans la relation de Marino Cavalli prononcée en 1546, « si vous ne le savez pas encore, apprenez-le de moi : de tous les envoyés des grandes puissances comme des petites, les ambassadeurs de Venise sont dans la plus piètre position ; ceux du pape ont ordinairement 10 écus par jour, et, quand ils ne les ont pas, comme ils sont en même temps légats pontificaux, ils les gagnent par les collations et les dispenses ecclésiastiques et par d'autres ressources semblables; tout cela leur rapporte autre chose que des compliments à eux et à leurs familles. Avant même d'être envoyés en ambassade, ils sont nommés évêques; à leur retour, on les gratifie non pas d'un vain titre, mais d'un revenu de 2,000 à 3,000 écus par an. Enfin, tout ce qu'ils ont, ils le tiennent de leur prince, le pape. Les ambassadeurs de l'empereur, ceux de France, d'Angleterre et de Portugal, ont aussi 8 à 10 écus par jour; puis ils ont sur les affaires des particuliers 2 à 3 pour cent. L'ambassadeur impérial gagna plus de 3,000 écus de la sorte. Ensuite leurs princes leur donnent des abbayes, des évêchés, des charges à vie, dont la rente est de 4,000 à 10,000 mille écus (tels sont les évêques de Tanger, d'Ajaccio, de Ferrare, Mgr de Saint-Maurice et l'envoyé de Florence); tandis que nous autres nous vivons avec 5 ducats par jour. Je dis que ce sont des ducats et non pas des écus, car je n'en ai jamais touché en France qui m'aient rapporté plus de 7 livres et 12 sous chacun. Avec ce traitement, il faut s'entretenir de tout point, avoir table ouverte, rémunérer les serviteurs, payer les salaires, supporter toutes les dépenses extraordinaires: il est impossible d'y tenir. Encore si l'on ne faisait que travailler sans émoluments, en laissant dormir un capital de 3,000 écus en argent, en

(1) Barozzi et Berchet, *Relazioni degli stati europei lette al senato dagli ambasciatori veneti nel secolo decimo settimo*, série I, t. I, p. 16.

fourrures, en habits, en chevaux et en autres choses semblables; mais on entame le capital lui-même. C'est pourquoi il ne faut pas s'étonner si plusieurs citoyens aiment mieux rester à Venise et y vivre en simples particuliers que d'aller en ambassade dans les pays étrangers (¹). » Les dépêches de Machiavel ne sont pas moins explicites sur cet objet; elles prouvent que Florence exige de ses serviteurs pour le moins autant de sacrifices que Venise en impose aux siens. « Nous vous supplions », écrivent Machiavel et François della Casa, « de nous envoyer sans délai l'argent nécessaire pour subvenir à nos besoins pendant que vous nous retiendrez ici tous les deux ou l'un de nous seulement. Pensez que notre fortune et notre crédit ne nous permettent pas, comme à beaucoup d'ambassadeurs, de vivre ici pendant plusieurs semaines à nos dépens et sans recevoir les secours que nous attendons de votre bienveillance. » — « Nous sommes déjà au 2 septembre », dit une autre lettre, « et nous n'avons pas encore fait partir les lettres précédentes, ne voulant pas les envoyer au hasard et n'ayant pas le moyen d'expédier un courrier. Nous ne pouvons suffire même aux premiers besoins de la vie. Nous serons forcés de renoncer à notre mission si vous ne nous faites point passer de secours. Il nous en coûte chaque jour un écu et demi. Nous avons dépensé plus de cent écus chacun pour acheter des vêtements et les autres objets qui nous étaient nécessaires. Il ne nous reste plus un denier (²). » Vers la même époque, Puebla, le ministre de Ferdinand et d'Isabelle auprès de Henri VII, se plaignait continuellement du manque d'argent; son traitement était suffisamment élevé, mais on ne le payait guère, et Puebla rapporte, dans une dépêche, que l'ambassadeur du roi des Romains est dans une situation plus pénible encore: une saisie a été pratiquée sur ses biens, et lui-même a failli être jeté en prison pour dettes (³).

Venise cependant savait récompenser les services rendus, et les anciens diplomates pouvaient refaire leur fortune ébréchée par les dépenses d'une mission, dans les charges administratives et surtout dans les postes lucratifs des possessions du Levant.

Nous avons vu que la durée des missions ne dépassait pas trois ans. Il

(¹) Tommaseo, *Relations des ambassadeurs vénitiens sur les affaires de France au* XVIe *siècle*, t. I, p. 361.

(²) Machiavel, *Œuvres. Légations et missions. Légation à la cour de France.* Lettres XIII et XIV.

(³) Bergenroth, *Calendar of letters, despatches and State papers relating to the negotiations between England and Spain preserved in the archives at Simancas and elsewhere*, t. I, introduction, p. XXIX.

y avait à cela plus d'un avantage. Les fonctions diplomatiques étaient ainsi accessibles à tous les membres des grandes familles et, en outre, l'envoyé ne devenait jamais étranger à son pays. Lorsqu'il n'était pas absent depuis deux années, l'ambassadeur ne pouvait être autorisé à rentrer que pour une cause légitime et avec l'assentiment de la majorité de tous les ordres de l'État (1). En aucun cas, il ne pouvait quitter sa résidence avant l'arrivée de son successeur. Le jour où un ambassadeur rentrait dans Venise, il était obligé de se rendre à la chancellerie et d'y consigner la nouvelle de son arrivée dans un registre dont le grand chancelier était détenteur. Dans les quinze jours de cette date, il devait lire à la tribune, en séance solennelle du sénat présidé par le doge et par le ministère, la relation de son voyage. Un décret l'obligeait, en outre, à présenter aux trésoriers l'état des sommes dont, aux termes de sa commission, il lui était enjoint de rendre compte. Le chiffre des dépenses officielles, non secrètes, de certains ambassadeurs nous est connu. A la fin du XVIe siècle, un envoyé vénitien à Paris dépense environ 87,879 francs pour deux années; un autre envoyé dépense environ 110,868 francs. Sous Louis XIV, la dépense est de 400 ducats par mois.

Les relations vénitiennes acquirent rapidement une grande renommée, et il est curieux de constater que plusieurs d'entre elles reçurent de la publicité; elles circulaient en manuscrit et étaient même imprimées. Il existe une copie d'une relation de Francesco Contarini, ambassadeur en Angleterre en 1609, laquelle porte une note écrite de la main même de Contarini, qui reconnaît l'avoir achetée à Rome et déclare que, sans être absolument exacte, elle se rapproche beaucoup de l'original (2).

Les princes étrangers essayaient, en effet, par tous les moyens, d'avoir communication des relations qui les concernaient, et l'événement démontre qu'ils parvinrent souvent à leurs fins. On ne saurait cependant admettre, avec M. Gachard, que le sénat ait, dans le principe, autorisé la divulgation des rapports et qu'il n'ait pas garanti aux agents de la république le secret de leurs aperçus et de leurs communications (3).

(1) Gachard, ouvrage cité, p. 15. — Baschet, *La diplomatie vénitienne*, p. 26.

(2) Rawdon Brown, *Four years at the court of Henry VIII*, t. I, introduction.

(3) Baschet, *Les archives de Venise. Histoire de la chancellerie secrète, le sénat, le cabinet des ministres, le conseil des Dix et les inquisiteurs d'État dans leurs rapports avec la France*, p. 353.

Mais il est à remarquer que les dépêches des envoyés étaient gardées avec plus de soin que leurs relations et mieux protégées que celles-ci contre d'intempestives révélations. Les dépêches ne passaient pas par d'autres mains que celles du *Collegio* ou cabinet des ministres, et étaient conservées à la chancellerie secrète, que gardait un secrétaire du sénat (1).

Les relations diplomatiques de Venise s'étendirent assez vite au delà des frontières de l'Italie. Les croisades mirent la puissante république en contact avec l'Occident et avec l'Orient; positive et pratique comme elle l'était, nullement encline à l'idéalisme politique, elle sut tirer des guerres contre les infidèles les plus grands avantages; on peut même dire qu'elle seule en profita directement.

Ville-Hardouin raconte les négociations des six « messagers » qui se rendirent à Venise, au mois de février 1201, avec pleins pouvoirs des chefs de la croisade, pour obtenir que la flotte vénitienne transportât l'armée des croisés dans la terre sainte (2). Les envoyés étaient munis de « bonnes chartes, avec sceaux pendants, comme quoi les comtes et les barons qui étaient croisés tiendraient fermement toutes les conventions que les six feraient par tous les ports de mer, en quelque lieu qu'ils allassent ». Le chroniqueur ajoute comment les six tinrent conseil et comment ils reconnurent qu'à Venise ils trouveraient une plus grande quantité de vaisseaux qu'à nul autre port. Arrivés auprès du doge, Henri Dandolo, « les messagers baillèrent les lettres de leurs seigneurs. Les lettres étaient de créance, et les comtes disaient qu'on les crût autant qu'eux en personne et qu'ils tiendraient pour fait ce que les messagers feraient ». Des conventions en due forme furent conclues; la république promit, moyennant un prix stipulé, de transporter l'armée et de lui fournir des vivres pendant neuf mois; bien plus, elle s'engagea à fournir « cinquante galères armées pour l'amour de Dieu, à condition que tant que la société durerait, de toute conquête faite en terre ou en argent, par mer ou par terre, Venise en aurait la moitié et les croisés l'autre (3) ».

Les ambassades des Vénitiens en France ne datent, à vrai dire, que du règne de Louis XI. On voit la république envoyer des agents vers

(1) Baschet, *La diplomatie vénitienne*, p. 40.

(2) Geoffroi de Ville-Hardouin, *La conquête de Constantinople*. Texte original accompagné d'une traduction par M. Natalis de Wailly. Chapitres IV et suivants.

(3) Ville-Hardouin, ouvrage cité, chapitre XXIII.

saint Louis, Philippe le Hardi, Philippe le Bel, Philippe VI, Jean II, Charles V, Charles VI et Charles VII; mais toutes ces missions sont très courtes et suscitées surtout par des affaires commerciales [1]. Avec Louis XI commença une période nouvelle. Alors qu'il n'était que dauphin, il avait déjà compris toute l'utilité des négociations diplomatiques, et du Dauphiné, où il exerçait une réelle souveraineté, il intriguait avec les républiques et les principautés italiennes. Devenu roi, il s'appliqua à entretenir des relations partout où il pouvait y trouver quelque profit, et on le voit se plaindre à un envoyé vénitien, nouvellement venu à sa cour, de ce que la république lui adressait si rarement des ambassadeurs, tandis qu'elle en avait presque toujours à la cour des ducs de Bourgogne. L'agent répondit que les soins de ses intérêts commerciaux guidaient Venise [2]. Les affaires de Milan ne tardèrent pas à amener le gouvernement ducal à donner satisfaction aux vœux du roi. Venise, en lutte ouverte avec les Sforza, voulut se rapprocher de la cour de France; les ambassadeurs extraordinaires se succédèrent et, à partir de 1479, il y eut à Paris une ambassade ordinaire. Bertucci Gabriel de Giacomo en fut le premier titulaire et ouvrit la longue série des envoyés qui, depuis cette date, se sont succédé de trois en trois ans jusqu'à la destruction de la république vénitienne [3].

Les relations de Venise et des ducs de Bourgogne, qui portaient ombrage à Louis XI, remontaient au milieu du XVe siècle. Auparavant déjà, il y avait des communications fréquentes entre la grande cité commerçante de l'Adriatique et nos provinces; dès le XIVe siècle, les *Galères de Flandre* partaient tous les ans de Venise, et en 1399, on voit Philippe le Hardi recevoir des ambassadeurs de la république [4]. Du règne de Philippe le Bon datent les rapports suivis.

La prise de Constantinople par Mahomet II provoqua un mouvement considérable en faveur de l'union de toutes les forces chrétiennes. Ni l'empire, à la tête duquel se trouvait Frédéric III, ni la France n'étaient en mesure de conduire l'entreprise; un seul prince semblait assez puissant pour être le chef d'une nouvelle croisade : c'était Philippe le Bon. A un moment donné, le duc de Bourgogne reçut des ambassades de tous

(1) BASCHET. *La diplomatie vénitienne*, p. 287 et suivantes.
(2) LE MÊME, *Les archives de Venise*, p. 293.
(3) CHARRIÈRE, *Négociations de la France dans le Levant*, t. I, introduction, p. XXX.
(4) GACHARD, ouvrage cité, p. 11.

les États menacés par les victoires du mahométisme. Nicolas V lui envoya un légat *a latere;* les princes chrétiens d'Orient lui adressèrent une députation conduite par le patriarche d'Antioche, et quelque temps après, Pie II, dont tous les efforts tendaient à combattre les Turcs, amena les Vénitiens à conclure une alliance étroite avec le duc de Bourgogne (¹). La grande croisade n'eut pas lieu; les opérations militaires se bornèrent à l'envoi d'une flotte dans la Méditerranée, mais les négociations eurent pour résultat d'amener l'établissement de rapports réguliers entre la cour de Bourgogne et la république vénitienne.

A la mort de Philippe le Bon, survenue en 1467, Antonio Dandolo vint complimenter son successeur, Charles le Téméraire; deux années plus tard, arriva à Gand, en qualité d'ambassadeur ordinaire, Bernardo Bembo, qui se trouvait encore à la cour du duc en avril 1474. De son côté, le duc envoya Antoine de Montjeu à la sérénissime république pour renouveler le traité d'alliance qui était sur le point d'expirer. Les événements du Milanais eurent également ici de l'influence, et la cour de Milan entra en relations avec la cour de Bourgogne (²).

En 1478, Marc-Antoine Morosini fut envoyé par Venise vers l'archiduc Maximilien d'Autriche, époux de Marie de Bourgogne. En 1485, Nicolas Foscari arriva dans les Pays-Bas, également en qualité d'ambassadeur. Les relations furent tout aussi amicales sous Philippe le Beau et elles devinrent très fréquentes sous Charles-Quint, qui, à l'âge de seize ans, réunissait déjà la souveraineté de nos provinces, les couronnes d'Espagne et des Deux-Siciles et les possessions des Indes, et allait ceindre, à l'âge de dix-neuf ans, la couronne impériale (³). La seigneurie accrédita successivement auprès du puissant monarque douze ambassadeurs ordinaires et lui envoya huit ambassades extraordinaires.

Les rapports de Venise et des princes de Savoie deviennent permanents depuis le traité de Cateau-Cambrésis, sous Emmanuel-Philibert.

Déjà, sous le règne d'Édouard II, on constate des relations entre l'Angleterre et la république. En 1340, Édouard III adresse au doge et à la seigneurie un agent chargé d'exposer les droits de son maître à la

(¹) GINGINS LA SARRA, ouvrage cité, avant-propos, p. v.
(²) LE MÊME, ouvrage cité, avant-propos.
(³) GACHARD, ouvrage cité, p. 12.

couronne de France et de demander l'appui de navires vénitiens; à son tour, la république, au fort de la lutte contre Gênes, demande, en 1379, l'assistance non de la couronne, mais des nobles d'Angleterre, et si elle subit un refus de la part de sir John Hawkwood, qui fut longtemps l'arbitre de la puissance des républiques italiennes, elle est plus heureuse auprès d'autres aventuriers ([1]). Néanmoins, on lit dans les *Diari* de Marino Sanuto, qu'en 1496 encore, le sénat, prenant en considération la difficulté des communications avec l'Angleterre, ne veut pas y envoyer d'ambassadeurs et charge deux négociants établis à Londres de se présenter au roi, en qualité de sous-ambassadeurs (*suboratores*), pour l'engager à entrer dans la ligue qui s'ourdit contre la France. Il est vrai qu'en juin 1497, Andrea Trevisan est accrédité auprès de Henri VII et que les ambassadeurs se succèdent bientôt régulièrement ([2]).

Les démêlés que Henri VIII eut avec la papauté créèrent une situation délicate. La république essaya de conserver les bonnes relations existantes et de sauvegarder sa situation à la fois vis-à-vis de Rome et vis-à-vis de l'Angleterre; mais, à la fin, elle dut céder, en apparence du moins, aux exigences papales et, en 1535, ordre fut donné à l'envoyé Carlo Cappello de rentrer dans son pays « pour affaires particulières et urgentes ». Le secrétaire de l'ambassade fut maintenu à son poste; Henri VIII, de son côté, ne cessa d'être représenté à Venise, et il insista même vivement pour que la république reprît les rapports réguliers. La mort du roi permit au sénat de ne pas répondre à cette légitime demande.

De semblables difficultés surgirent à l'avènement d'Élisabeth, qui ne reçut d'ambassadeur vénitien que vers la fin de son règne. Il est à remarquer que, durant toute cette interruption du service, l'ambassadeur de France avait ordre de renseigner le gouvernement sur les affaires d'Angleterre. C'était là une application d'une règle généralement observée : ainsi, Milan renseignait sur les événements de Savoie quand le poste de Turin était sans titulaire, et Vienne, qui donnait des informations pour l'Allemagne, renseignait sur la Pologne, lorsqu'il n'y avait pas d'agent à Cracovie.

L'Espagne fut constamment l'ennemie secrète ou avouée de Venise, et l'on peut dire qu'à aucune époque de leur histoire les deux puissances

([1]) Rawdon Brown, ouvrage cité, introduction.

([2]) Le même, *Archivio di Venezia con riguardo speciale alla storia inglese*, p. 128.

ne cessèrent de se combattre. La république avait des ambassadeurs à Madrid et des résidents à Milan et à Naples, mais ces rapports sont postérieurs au règne de Charles-Quint.

Les relations de Venise et des Provinces-Unies furent difficiles dans le début; Rome et Madrid travaillaient également à les empêcher; mais elles finirent par s'établir, sans produire toutefois de bien importants résultats [1]. En effet, d'une part, le rôle de Venise et de sa diplomatie allait singulièrement diminuer; à partir de la paix de Westphalie, il ne fait plus que décroître; d'autre part, la politique commerciale de la république, qui avait pour base le monopole, devait empêcher la conclusion de traités de commerce, que désiraient vivement les hommes d'État hollandais. Venise n'eut de traités de négoce qu'avec la Porte, qui lui accordait dans le Levant le privilège exclusif des transactions commerciales.

Rome fut longtemps le centre des affaires diplomatiques et politiques du monde. Au IXe siècle déjà, Venise adresse au Saint-Siège des ambassades, mais il n'existe de documents exacts et certains qu'à partir du XVIe siècle. La seigneurie, qui sut toujours contenir son clergé, qu'elle voulait riche, à la condition qu'il fût soumis et qu'il demeurât totalement étranger à la politique, parvint également à conserver son indépendance vis-à-vis de la curie. Une seule fois elle lui fit des concessions importantes, et ce fut pour détacher Jules II de la ligue de Cambrai qui menaçait la république dans son existence [2]. Le gouvernement était d'une défiance extrême, et l'on peut citer ce trait caractéristique que chaque fois que le sénat avait à s'occuper d'affaires concernant Rome, le grand chancelier prononçait l'exclusion momentanée des sénateurs qui étaient connus pour être partisans avoués du Saint-Siège ou qui lui étaient attachés soit par intérêt, soit par des liens de parenté avec des personnages influents de la curie [3]. En dehors des ambassades ordinaires envoyées au pape, il nous faut signaler ici les ambassades d'obédience chargées, à chaque avènement, de saluer le nouveau pontife. Composées de quatre ambassadeurs, elles déployaient toujours une pompe et un luxe extraordinaires.

[1] J.-G. DE JONGE, *Nederland en Venetie.*
[2] DARU, *Histoire de Venise*, livre XXVIII, § 12.
[3] BASCHET, *La diplomatie vénitienne*, p. 165.

Les intérêts de Venise dans le Levant étaient considérables. Dès une époque reculée, il y eut des relations amicales entre la république et l'empire grec. La décadence de Ravenne rendit Venise maîtresse de l'Adriatique et elle ne tarda pas à prendre une situation prépondérante en Orient. Les croisades surtout ajoutèrent à sa puissance et, en 1204, lors de la prise de Constantinople par les croisés, les Vénitiens obtinrent une partie importante du nouvel empire que les conquérants avaient constitué sur la base du système féodal. Ils occupèrent de nombreuses îles, des places, des ports, le quart de la ville de Constantinople, et le doge put ajouter à ses titres celui de seigneur du quart et demi de l'empire romain. Cinquante-sept ans plus tard, l'édifice construit par les Latins croula, et Michel Paléologue fit son entrée dans la capitale; mais les Vénitiens furent assez habiles et assez forts pour se maintenir dans leurs possessions de Candie, d'Eubée et de Chypre. Ils négocièrent avec les Grecs et, depuis cette époque, ils eurent à Constantinople un agent diplomatique qui s'appelait le baile, *bailo*, *bajulus*, mot dont le sens primitif est pédagogue, tuteur, défenseur. Pendant quelque temps, le baile fut sur le pied d'un souverain. Il commandait tout un quartier de Constantinople, paraissait en public entouré de gardes, exerçait sur la colonie une pleine juridiction, et même lorsque, après l'invasion des Turcs, il se vit réduit à n'être qu'ambassadeur, il continua de prendre sous sa protection beaucoup d'habitants étrangers à la république, notamment des Arméniens et des juifs, qui payaient par des tributs l'avantage de n'obéir qu'à lui ([1]).

Quand les Turcs s'emparèrent de Constantinople, le baile Pietro Minotto fut fait prisonnier, mais bientôt relâché. Les Vénitiens étaient trop avisés pour attaquer les vainqueurs de l'empire grec. Ils avaient dans la Méditerranée 3,000 vaisseaux montés par 25,000 matelots et trafiquaient avec tous les ports de l'Orient. L'intérêt les poussa donc à envoyer auprès du sultan un ambassadeur chargé de négocier un traité de commerce, qui portait, entre autres dispositions, que la seigneurie pourrait, à son gré, adresser à Constantinople un baile avec sa suite accoutumée, lequel exercerait l'autorité civile sur tous les Vénitiens et leur administrerait la justice, le sultan s'obligeant à lui accorder protection et à lui faire donner assistance sur sa réquisition ([2]).

La paix ne fut pas de longue durée; les Turcs attaquèrent les possessions vénitiennes du Péloponèse; mais, en 1479, au prix de territoires

([1]) Daru, ouvrage cité, livre XIX, § XI.
([2]) Le même, ouvrage cité, livre XVI, § XV.

considérables, la république obtint enfin des conditions avantageuses pour ses comptoirs du Levant. Un envoyé du sultan vint recevoir à Venise le serment de paix du doge (1).

Le baile était ambassadeur ordinaire; dans des cas particuliers, la seigneurie députait, en outre, au sultan des ambassadeurs extraordinaires. Durant le XVIe siècle, on compte trente-trois bailes et vingt-sept ambassadeurs extraordinaires.

Le poste était très important; longtemps même, il fut l'emploi diplomatique le plus élevé qu'un noble pût ambitionner, et les membres des plus grandes familles y étaient seuls admis. Les élus furent en général à la hauteur de leur mission et l'on a dit avec raison que nulle part peut-être la célèbre diplomatie vénitienne n'a fait preuve d'autant de vigilance, d'habileté et de science que sur le terrain de Constantinople (2).

L'importance politique du *Bailaggio* décrut cependant et celui-ci finit par n'être plus qu'un moyen de faire de gros bénéfices. En effet, l'envoyé de Constantinople tirait des profits considérables du commerce et des droits à payer, il exerçait, comme nous l'avons vu, la juridiction sur tous les sujets de la république qui se trouvaient dans le Levant et il jugeait les affaires civiles entre Turcs et Vénitiens. C'était de lui, en outre, que relevaient les consuls de Smyrne, de Salonique, de la Canée et de Rhodes (3).

Au XVIe siècle, Venise était donc représentée dans la plupart des pays de l'Europe. Son personnel comprenait des ambassadeurs et des résidents, les premiers choisis parmi les patriciens, les seconds parmi les secrétaires. Il y avait des ambassadeurs ordinaires à Vienne, à Paris, à Madrid et à Rome; l'empereur, les rois de France et d'Espagne entretenaient, de leur côté, un ambassadeur à Venise, tandis que le pape y envoyait un nonce. Des résidents étaient accrédités aux cours de Naples, de Turin, de Milan et de Londres, ainsi qu'auprès des cantons suisses. A Constantinople se trouvait un baile. Il arrivait aussi que la seigneurie envoyait des ambassades dans des pays lointains, comme, par exemple,

(1) KLACZKO, *Les évolutions du problème oriental. Revue des Deux Mondes*, 15 octobre 1878.

(2) LE MÊME, travail cité.

(3) ROMANIN, ouvrage cité, t. VIII, p. 392.

en Égypte et en Perse. Enfin, elle avait ses représentants dans les grandes réunions internationales, aux congrès et aux conciles (1).

L'organisation de la diplomatie passa d'Italie dans le reste de l'Europe. Nous n'avons pas à exposer ici comment l'axe du mouvement politique se trouva assez longtemps en Italie et de quelle manière les intérêts des États qui dirigeaient l'Europe se trouvèrent en conflit dans la Péninsule. Louis XI comprenait l'importance de l'Italie et, durant tout son règne, il eut avec les villes et les principautés italiennes d'étroits rapports, réclamant Gênes, intervenant dans les affaires de Florence et de Venise, demeurant l'allié de François Sforza et de Laurent de Médicis. Les archives de Gênes, de Rome, de Naples, de Florence, de Venise, de Milan et de Turin attestent son incessante action (2). Un autre profond génie politique, Ferdinand le Catholique, dont on a pu dire que si des événements qui échappent au contrôle de l'homme n'avaient mis obstacle à l'exécution de ses plans, la carte de l'Europe eût été formée, il y a trois siècles et demi, à peu près telle qu'elle est formée de nos jours (3), choisit également l'Italie pour théâtre de ses combinaisons diplomatiques. La fin du XVe siècle et le commencement du XVIe furent ainsi remplis de luttes dont les États italiens, la France, l'Espagne, l'Empire, l'Angleterre furent les principaux acteurs. Le système de l'équilibre qui devait remplacer en l'Europe l'unité du moyen âge avait trouvé déjà son application dans la péninsule. « Médicis », dit Guicciardini, « comprit avec les Florentins qu'il fallait s'opposer à l'agrandissement des principales puissances d'Italie et maintenir entre elles un juste équilibre, tant pour la sûreté de la république de Florence que pour la garantie de sa propre autorité. L'unique moyen d'entretenir cette égalité était de garder la paix et d'éloigner tout ce qui pouvait la troubler (4). » L'Italie initiait ainsi le monde à la vie internationale.

(1) ALBÈRI, ouvrage cité, 1re série, t. I. — BASCHET, *Les archives de Venise*, p. 268.

(2) *Archives des missions scientifiques et littéraires. Choix de rapports et d'instructions publié sous les auspices du ministère de l'instruction publique et des beaux-arts*, 3e série, t. VII. *Rapport sur les lettres de Louis XI et sur les documents concernant ce prince conservés dans les archives de l'Italie, adressé à M. le Ministre de l'instruction publique, par* ÉTIENNE CHARAVAY, p. 437 à 474.

(3) BERGENROTH, ouvrage cité, t. I, introduction, p. XXXIX.

(4) GUICCIARDINI, *Histoire d'Italie*, liv. I, ch. I. — LAURENT, *Études sur l'histoire de l'humanité*, t. X, *Les nationalités*, p. 44.

L'institution des ambassades resta néanmoins assez longtemps indécise et mal définie. Il n'y avait ni régularité, ni idée d'ensemble et, fait à noter, les rois qui aimaient le plus à envoyer leurs agents à l'étranger voyaient avec ombrage et avec défiance les autres princes leur adresser des légations. Ce sentiment se constate chez Ferdinand le Catholique et chez Henri VII. Ferdinand le Catholique suscitait aux envoyés étrangers de continuelles difficultés; il les considérait comme des espions et des intrigants; il n'aimait pas qu'ils séjournassent longtemps dans ses États [1]. Il en était de même de Henri VII. Commines nous fait connaître ses idées personnelles, qui ne s'éloignaient sans doute pas de celles de Louis XI, son maître et son ami. « Ce n'est pas chose trop sûre de tant d'allées et venues d'ambassades, dit-il, car bien souvent s'y traitent de mauvaises choses; toutefois, il est nécessaire d'en envoyer et d'en recevoir. Ceux qui viennent de vrais amis et où il n'y a point de matière de suspicion, je serais d'avis qu'on leur fît bonne chère et eussent permission de voir le prince assez souvent. Et quand il faut le voir, qu'il soit bien informé de ce qu'il doit dire, et l'en retirer tôt; car l'amitié qui est entre les princes ne dure pas toujours. Si les ambassadeurs viennent de par princes où la haine soit continuelle, en nul temps n'y a grande sûreté, selon mon avis. On les doit bien traiter et honorablement recueillir comme envoyer au-devant d'eux et les faire bien loger, et ordonner gens sûrs et sages pour les accompagner; par là on sait ceux qui vont vers eux et garde-t-on les gens légers et malcontents de leur porter nouvelles, car en nulle maison tout n'est content. Davantage je les voudrais tôt ouïr et dépêcher, car ce me semble très mauvaise chose que tenir des ennemis chez soi. Et pour un ambassadeur qu'ils m'enverraient, je leur en enverrais deux; et encore qu'ils s'en ennuyassent, disant qu'on n'y renvoyât plus, si voudrais-je y renvoyer quand j'en verrais opportunité et le moyen. Car vous ne sauriez envoyer espion si bon et si sûr ni qui eût si bien loi de voir et d'entendre [2]. »

On voit la diplomatie à l'œuvre dans la plupart des pays. Ferdinand et Isabelle entretiennent une correspondance fréquente avec les agents qu'ils ont à l'étranger. Des secrétaires sont chargés de la rédaction des dépêches et, à cette époque, le rôle du ministre ne se borne nullement à conférer avec le souverain et à donner des ordres; il doit composer, écrire et chiffrer de sa main une quantité d'instructions, lire et déchif-

(1) Bergenroth, ouvrage cité, t. I, introduction, p. xxv.
(2) Commines, *Mémoires*, liv. III, ch. VIII.

frer les réponses des ambassadeurs [1]. Le gouvernement anglais a fait publier les dépêches et les documents relatifs aux négociations entre l'Angleterre et l'Espagne. On y voit les noms des principaux auxiliaires de Ferdinand et d'Isabelle. Fernan Alvarez, Juan Coloma, De la Para et Miguel Perez Almazan furent successivement les secrétaires des deux souverains. Coloma, Italien d'origine, fut également employé aux négociations avec la France et il mena avec une habileté consommée la conclusion du traité de Barcelone, qui donna à l'Espagne le Roussillon et la Cerdagne. Miguel Perez Almazan fut le plus capable des collaborateurs des rois catholiques. Plusieurs de ses dépêches sont des chefs-d'œuvre [2]. Les ambassadeurs espagnols employés en Angleterre furent Puebla, Ayala, le duc de Estrada, Fuensalida et Catherine, princesse de Galles. La figure la plus originale est celle de Puebla. Docteur en droit civil et en droit canon, Roderic Gonzalve de Puebla s'était fait remarquer par Ferdinand quand il était corregidor d'Ecija, petite ville de l'Andalousie. Vers la fin de 1487 ou au commencement de 1488, le roi l'envoya, en même temps que Juan de Sepulveda, pour négocier le mariage de Catherine d'Aragon et d'Arthur, prince de Galles. A Londres, il s'insinua dans les bonnes grâces de Henri VII, dont il devint le meilleur ami. Famélique et besoigneux, il représentait ses souverains sans la moindre dignité et, comme il exerçait la profession d'avocat, il donnait prise aux plaintes par la manière indélicate dont il traitait ceux qui avaient besoin de son ministère. En 1498, Ferdinand et Isabelle envoyèrent en Angleterre deux commissaires chargés d'ouvrir une enquête secrète sur les faits et gestes de l'ambassadeur. Les pièces de l'enquête prouvent que les plaintes n'étaient que trop fondées. Puebla s'était rendu coupable de véritables exactions au préjudice de marchands espagnols. L'information amena encore d'autres résultats, et il fut constaté que depuis trois années le représentant de deux puissants monarques vivait, au prix de deux pence par jour, dans une misérable auberge, refuge de femmes de mauvaise vie, prenant ses repas en compagnie de ces femmes et des apprentis de son hôte, un maçon. Là venaient, attirés par l'espoir d'obtenir des renseignements, les espions de différents pays, que le propriétaire de l'auberge rançonnait sans vergogne, sûr qu'il était de trouver en Puebla un défenseur et un protec-

(1) Bergenroth, ouvrage cité, t. I, introduction, p. xvii.

(2) Le même, ouvrage cité, t. I, introduction, p. xviii.

teur. L'enquête n'aboutit cependant à aucune mesure désagréable pour celui qui en avait été l'objet; Puebla s'était si bien acquis l'amitié de Henri VII, qu'il en était devenu le véritable ministre pour les affaires d'Espagne. Aussi Ferdinand et Isabelle jugèrent-ils bon de se contenter d'adjoindre à leur ambassadeur l'évêque don Pedro de Ayala, qui venait d'accomplir une mission importante en Écosse [1].

La régularité des rapports diplomatiques entre la plupart des États européens date du commencement du XVIe siècle. Wolsey, l'illustre ministre dirigeant d'Angleterre, François Ier et Charles-Quint tirèrent de l'admirable instrument tous les avantages possibles.

Wolsey choisissait surtout ses ambassadeurs permanents dans les rangs des classes inférieures; à l'exemple de Henri VII, il craignait d'employer les membres des puissantes familles, en qui il ne trouvait pas la souplesse requise et qu'il pouvait y avoir du danger à mécontenter. Le traitement était maigre; il s'élevait dans la règle à cinq shillings par jour, sans compter cependant les gratifications; parfois, l'envoyé touchait vingt shillings par jour, mais dans ce cas il devait payer ses frais de voyage et ceux de sa suite. Les paiements se faisaient très irrégulièrement. Les choix du cardinal étaient en général bien inspirés, et les dépêches de ses agents se distinguent par une grande fidélité et une excessive minutie. Parmi les collaborateurs de Wolsey figure Richard Pace; un autre ambassadeur est sir Robert Wingfield, qui n'eut peut-être pas toute l'habileté nécessaire et pour qui la politique semblait se résumer en la haine de la France [2].

François Ier assit la diplomatie française sur de solides bases. Il avait formé un conseil secret avec lequel il discutait les questions de politique extérieure et dont un envoyé vénitien nous fait connaître la composition dans sa relation de 1542. « Sa Majesté a un conseil secret que l'on appelle le conseil des affaires. La sérénissime reine de Navarre en fait partie et est obligée, pour ce motif, de se trouver partout où va le roi, ce qui est aussi assujettissant et incommode que possible. Le sérénissime roi de Navarre y assiste lorsqu'il se trouve à la cour, ainsi que monseigneur l'amiral, monseigneur d'Annebaut, le révérendissime cardinal de Lorraine et monseigneur le dauphin. Il n'y a pas de secrétaire. Toutes les

(1) BERGENROTH, ouvrage cité, t. I, introduction, p. XVIII et p. 164 et suivantes.

(2) BREWER, *Letters and papers, foreign and domestic, of the reign of Henry VII*, t. I, préface, p. XCVII et suivantes.

affaires, petites et grandes, y étaient traitées, pendant tout le temps de mon séjour en France, dans un si grand secret, que je ne pourrais pas le croire si je n'en avais fait l'épreuve (1). » Quatre secrétaires des finances expédiaient les affaires tant intérieures qu'extérieures, sous la direction du conseil; l'un d'eux avait dans ses attributions l'Écosse et l'Angleterre; le second, la Savoie, l'Allemagne et les cantons suisses; le troisième, l'Espagne et le Portugal; le quatrième, le Piémont, Rome, Venise et le Levant. Le roi organisa sérieusement le personnel diplomatique. Ses prédécesseurs immédiats se contentaient de se faire représenter par six ou sept évêques, abbés ou magistrats, dans les cours avec lesquelles ils avaient des intérêts à régler; François Ier augmenta le nombre de ses agents; il en envoya, pour la première fois, à Constantinople, en Hongrie, en Pologne, en Danemark et en Suède; il en accrédita auprès des diètes de l'empire et même auprès des souverains de second ordre (2).

Les diplomates de François Ier étaient généralement des gens d'Église, quelquefois des magistrats ou des hommes d'épée; dans la règle, les ambassadeurs ordinaires étaient des évêques. François de Dinteville, évêque d'Auxerre; Georges de Selve, évêque de Lavaur; Georges d'Armagnac, évêque de Rodez; Guillaume Pellicier, évêque de Montpellier, sont autant d'illustres représentants de la diplomatie française au début du XVIe siècle.

Le roi utilisait aussi, surtout dans les missions lointaines, l'assistance d'étrangers. Tantôt revêtus d'un titre officiel, tantôt agissant comme agents secrets, un aventurier espagnol comme Antoine Rincon, un réfugié polonais comme Jérôme Laski, un conspirateur hongrois comme Frangipani, d'autres encore, rendaient à la France d'inappréciables services.

La hiérarchie n'était pas encore réglée; quelquefois, on voyait à la même cour deux ambassadeurs pour la même négociation; quelquefois aussi un ambassadeur extraordinaire venait s'adjoindre, pour quelque temps, au ministre résident (3). Les titres n'étaient pas toujours bien définis, mais à mesure que l'institution se développait, le mot *ambassadeur* fut réservé pour les fonctions supérieures, et le mot *résident* servit à qualifier les positions inférieures (4). On constate des différences

(1) ZELLER, ouvrage cité, introduction, p. 7 et suivantes.

(2) FLASSAN, *Histoire de la diplomatie française*, t. I, p. 11. — ZELLER, ouvrage cité, introduction, p. 8.

(3) ZELLER, ouvrage cité, p. 12.

(4) CHARRIÈRE, ouvrage cité, introduction, p. XXXII.

profondes entre la terminologie et la substance des anciens documents et la terminologie et la substance des documents plus récents. D'après les plus anciennes pièces, c'était une commission qu'on remplissait et non pas une mission, et les dénominations de *commis*, de *commissaire* et de *député* prévalaient; elles étaient rendues, dans les documents latins, par les mots *commissarius* et *orator*. Les missions se réduisaient très souvent à un seul rapport, rédigé au retour, sous la forme d'un mémoire; d'autres fois, les conférences se prolongeaient et provoquaient une correspondance (¹).

Les envoyés français étaient relativement peu payés. Ceux qui étaient accrédités auprès de petits États recevaient dix livres par jour; ceux qui étaient accrédités auprès du Saint-Siège, à la cour impériale ou à la Porte ottomane, avaient le double.

Un historien remarque que la quantité d'écrit que l'on attendait d'un agent diplomatique vénitien serait de nos jours considérée comme énorme. Cette observation peut s'appliquer à tous les diplomates du XVIe siècle; elle est vraie des envoyés français comme des envoyés espagnols, des envoyés anglais comme des ambassadeurs de Charles-Quint. Bacon dit de Henri VII qu'il avait soin d'obtenir des renseignements exacts concernant l'étranger. Il utilisait dans ce but les ambassadeurs accrédités en Angleterre, ses partisans à l'étranger, les agents qu'il avait dans les autres cours. Ses instructions étaient très détaillées; elles renfermaient plutôt des points d'information et de recherche que des sujets de négociations, et il demandait à ses envoyés des réponses minutieuses à chacune de ses questions (²). L'exactitude de ce jugement est prouvée par la lecture des documents tirés aujourd'hui de la poussière des archives. On ne doit d'ailleurs pas perdre de vue que, comme l'observe M. Pradier-Fodéré, « autrefois, il s'agissait moins pour le ministre public accrédité à l'étranger de faciliter les relations internationales, qui sont l'une des conditions du progrès de l'humanité, que de scruter les secrets des cours, d'opposer les intrigues aux intrigues (³) ».

Remarquons ici qu'une des préoccupations continuelles des hommes d'État de l'époque était la conclusion de mariages, dans lesquels ils voyaient le lien le plus solide qui se pût établir entre les maisons souveraines. C'est là un des moyens employés par Ferdinand le Catholique,

(¹) CHARRIÈRE, ouvrage cité, introduction, p. XXXIV.
(²) MOUNTAGUE BERNARD, *Four lectures on subjects connected with diplomacy*, p. 119.
(³) PRADIER-FODÉRÉ, *Cours de droit diplomatique*, avant-propos.

dont les agents sont constamment occupés à de semblables négociations. Le caractère essentiellement dynastique du siècle explique et justifie la chose.

A côté de la diplomatie officielle, se trouvait souvent une véritable diplomatie secrète. A Venise, l'évêque de Lavaur et l'évêque de Rodez, ambassadeurs de François Ier, l'un de 1533 à 1536, l'autre de 1536 à 1538, établirent un personnel d'agents secrets dont l'action s'étendit même au delà du territoire de la république. Ces « bons serviteurs du roy », comme les dépêches diplomatiques du temps les appellent, étaient très utiles. Ils comprenaient dans leurs rangs des fonctionnaires de tout grade, d'obscurs aventuriers, des hommes d'Église, des grands seigneurs et même des dames de l'aristocratie. En Italie, Charles-Quint utilisait comme espions les membres des ordres religieux. Le général des Mineurs de l'Observance, Vincent Lunello, qui était sujet de l'empereur, servait les intérêts de son souverain, et plusieurs de ses religieux étaient des agents impériaux (1). On sait que toute cette époque ne brillait nullement par l'incorruptibilité. On voit des ambassadeurs accrédités à Paris et des personnages importants des pays voisins recevoir des rois de France des sommes parfois très élevées. Wolsey touchait à la fois des pensions de François Ier et de Charles-Quint, qu'il favorisait tour à tour, « tenant ainsi entre eux la balance », comme il disait (2). A un moment donné, le cardinal obtint du roi de France 14,800 livres tournois par an; 7,000 livres furent annuellement distribuées entre huit autres personnages influents de la cour d'Angleterre. Il y avait aussi des dons extraordinaires, et Wolsey reçut en une fois 50,000 livres tournois. C'était l'usage pour tous les princes de se former dans les pays étrangers des partisans et de se créer une faction à prix d'argent. On doit cependant dire à l'honneur des hommes d'État français qu'ils ne se laissaient point acheter (3) et qu'ils savaient demeurer incorruptibles, tandis que l'on voyait, par exemple, un ambassadeur de Charles-Quint accepter l'or que lui jetait l'ennemi de son maître. L'argent jouait surtout un rôle considérable dans les négociations avec les Turcs. « L'argent, déclare dans un rapport de 1587 l'ambassadeur vénitien Lorenzo Bernardo, l'argent est comme le vin : les médecins le recommandent également à l'homme bien portant et au malade; il faut donner des cadeaux au Turc alors

(1) Zeller, ouvrage cité, p. 78.
(2) Le même, ouvrage cité, introduction, p. 14.
(3) Bergenroth, ouvrage cité, t. II, introduction, p. xx.

que nos relations avec lui sont bonnes; il faut en donner encore alors qu'elles sont en souffrance. » Le comte de Bedmar, le fameux envoyé d'Espagne à Venise en 1619, estimait à 400,000 ducats les sommes annuellement distribuées à Constantinople.

Sous Charles-Quint, les affaires politiques étaient généralement débattues au sein du conseil d'État; les conseillers donnaient leur avis écrit, et quand la question avait été suffisamment discutée, le ministre dirigeant conférait avec l'empereur et prenait une décision (¹). L'homme de confiance de Charles-Quint fut assez longtemps Mercurin Arborio, comte de Gattinara, Piémontais de naissance, d'abord conseiller à la cour de Savoie, ensuite chargé d'affaires importantes par Marguerite d'Autriche et par Maximilien, enfin appelé par Charles-Quint aux hautes fonctions de chancelier. Gattinara mourut en 1530, à l'âge de 65 ans. A sa mort, Nicolas Perrenot, sieur de Granvelle, ancien ambassadeur à Paris, fut nommé premier conseiller de l'empereur et garde des sceaux des royaumes de Naples et de Sicile. Au vieux Perrenot succéda son fils, le célèbre cardinal de Granvelle. Un autre collaborateur de l'empereur était Francisco de los Covos, plus spécialement chargé des affaires italiennes et espagnoles, tandis que les affaires allemandes, bourguignonnes et des Pays-Bas rentraient surtout dans la compétence de Nicolas Perrenot.

Les ambassadeurs au service de Charles-Quint appartenaient aux nombreuses nationalités qui composaient le vaste empire. Plusieurs, et des meilleurs, sont originaires des Pays-Bas. Guillaume de Chièvres, le gouverneur du jeune prince, dirigea avec talent et succès de grandes négociations; Charles de Lannoy fut vice-roi de Naples et mêlé aux affaires les plus importantes; Louis de Bruges, seigneur de Praet, fut envoyé à Londres et à Paris; Adrien de Croy s'acquitta avec honneur de missions délicates en Italie; Louis van Schore, président du conseil privé, fut chargé de négociations en Espagne; François van Dilft fut ambassadeur à Londres; Hannaert de Liedekerke fut accrédité à la cour de France. Corneille de Schepper, Velwyck, Busbec, Rym résidèrent à Constantinople (²). Nous ne pouvons signaler ici tous les hommes remarquables qui firent partie de la diplomatie du puissant monarque. Citons cepen-

(¹) BERGENROTH, ouvrage cité, t. II, introduction, p. CII.

(²) Baron DE SAINT-GENOIS et G.-A. YSSEL SCHEPPER, *Mission diplomatique de Corneille Duplicius de Schepper*, introduction.

dant Simon Renard « un homme fort habile, ardent, beau parleur, mais railleur et turbulent », qui occupa le poste de Londres avec un rare talent, et dans un autre poste important, celui de Rome, le duc de Sessa, Miguel de Herrera et Hurtado, qui défendirent habilement les intérêts de l'empereur (¹).

Dès cette époque déjà, on peut parler d'écoles diplomatiques. Wolsey, Gattinara, Selve, Perrenot sont les chefs, les fondateurs de véritables écoles; ils ont leur manière personnelle, ils forment des élèves. Wolsey et Perrenot surtout rompent avec le formalisme et le pédantisme de leurs prédécesseurs. Au surplus, on remarque que dans certains pays monarchiques, la carrière diplomatique devient l'apanage de quelques grandes familles. Il n'y a d'exclusion pour aucun talent, mais on voit de véritables dynasties se transmettre de père en fils l'art de négocier (²).

Venise entretenait, comme nous l'avons vu, des relations suivies avec la Porte ottomane, et pendant trois quarts de siècle, elle fut la seule puissance chrétienne qui conclut des traités avec les Turcs. François Iᵉʳ fit plus que Venise; celle-ci s'était bornée à un *modus vivendi* précaire; le traité de 1536, qui scella l'alliance de la France et de la Turquie, eut une portée plus grande; il fit de la Turquie un élément de l'équilibre européen, et des bons rapports avec le sultan un des principes fondamentaux de la politique étrangère de la France. On ne peut guère lui comparer que l'évolution exécutée au siècle suivant par Richelieu brisant avec la ligue catholique et s'appuyant sur les souverains protestants (³). Grâce à sa politique orientale, François Iᵉʳ fut à même de tenir Charles-Quint en échec et de lui enlever la domination de la Méditerranée.

Les autres pays imitèrent peu à peu la conduite de la France; seulement, l'extrême défiance des Turcs était un premier obstacle à l'établissement de relations régulières; dans l'esprit des hommes d'État musulmans, les ambassadeurs européens avaient pour unique but de les tromper. Une autre conviction bien arrêtée chez les Turcs, c'était que les agents étrangers ne cédaient que devant la peur; aussi les voyait-on essayer constamment d'épouvanter les ministres accrédités à Constanti-

(¹) Pascual de Gayangos, *Calendar of letters, despatches and State papers relating to the negotiations between England and Spain preserved in the archives at Simancas and elsewhere*, introduction, p. xvi et suivantes.

(²) Fischer, *Geschichte der auswärtigen Politik und Diplomatie*, p. 206.

(³) Klaczko, travail cité.

nople. Les représentants de la France échappèrent assez longtemps aux mauvais procédés, mais pénible était la situation créée aux représentants des autres souverains ([1]). On ne leur épargnait aucune mortification; on les surveillait étroitement; on leur défendait de se visiter entre eux et de s'aboucher; ils étaient exposés aux injures et aux insultes de la populace, et quand le gouvernement le jugeait utile, il les faisait jeter en prison et les menaçait des plus cruels traitements. Busbec, qui fut l'ambassadeur de trois empereurs auprès du sultan, passa une partie de sa première ambassade enfermé au château des Sept-Tours et conçut, à un moment donné, des craintes sérieuses pour son nez et ses oreilles ([2]). Il convient d'ajouter que la Porte avait en mépris l'empire d'Allemagne, qu'elle avait attaqué avec tant de succès et qu'elle avait forcé de promettre un tribut annuel. Un fait est du reste éloquent : les traités conclus au XVIe et au commencement du XVIIe siècle entre le sultan et l'empereur disposent que les contractants procéderont entre eux humainement et qu'on n'emprisonnera plus les ambassadeurs, chargés d'affaires, agents et leur suite, même en cas de rupture de paix.

Au fur et à mesure que nous avançons, la diplomatie se développe. Le XVIIe siècle sera son époque la plus florissante. Dans les différents pays s'est constitué un office chargé des affaires étrangères, qu'on peut, selon l'expression de Flassan, regarder comme la partie pensante des gouvernements ([3]); au dehors, les États ont leurs représentants officiels; en même temps ils reçoivent les agents des autres pays. La conception de la balance politique, l'idée que le développement hors de proportion d'un État forme un danger pour tous les autres, pénètrent de plus en plus dans la politique générale. Les luttes entre Charles-Quint et François Ier, entre la France et l'Espagne, entre la France et l'Angleterre occupent de longues pages de l'histoire. Il y a un croisement incroyable de négociations, d'intrigues, d'alliances, dans lesquelles se complait l'habileté des hommes d'État. Ce qui distingue surtout la politique des derniers siècles, c'est l'idée de l'opposition inconciliable des intérêts des puissances. Dans un *Discours sur ce que les guerres et divisions sont permises de Dieu pour le châtiment et des princes et des peuples mauvais*, Commines exposait déjà les larges lignes de cette théorie de la *contrariété*, quand il montrait que partout en Europe Dieu a placé un ennemi à côté de chaque roi ou

([1]) Zeller, ouvrage cité, p. 171.
([2]) Klaczko, travail cité.
([3]) Flassan, ouvrage cité, t. II, p. 52.

nation. « Ainsi, dit-il, au royaume de France il a donné pour opposite les Anglais, et aux Anglais, les Écossais; au royaume d'Espagne, Portugal. Pour Allemagne, vous avez vu, et de tous temps, la maison d'Autriche et de Bavière contraires ([1]). » Avec un semblable programme, la diplomatie devait avoir beau jeu.

Nous arrêterons ici notre esquisse: nous avons rappelé les débuts de la diplomatie et montré l'établissement des ambassades permanentes; cela suffit à notre tâche; aller au delà serait, en réalité, entreprendre d'écrire l'histoire politique tout entière. Nous examinerons maintenant la doctrine des auteurs.

([1]) COMMINES, *Mémoires*, liv. V, ch. 18.

II

LE DROIT D'AMBASSADE JUSQU'A GROTIUS.

Dans sa préface au *Guide diplomatique* de Charles de Martens, Wegmann fait remarquer qu'à peine reconnu au moyen âge dans ses principes essentiels, le droit des ambassadeurs s'est élevé à une exagération qui portait de graves atteintes aux droits absolus des États, pour retomber ensuite dans des limites qui tendent à devenir de plus en plus étroites.

C'est là, en effet, un phénomène frappant; les envoyés diplomatiques, qui, à l'origine, sont à peine tolérés dans les cours étrangères, réclament au bout d'un certain temps, comme autant de droits indéniables et indiscutables, des privilèges parfois exorbitants, et la doctrine, d'abord hostile à leurs prétentions, finit par les accueillir et ajoute même à ce qu'elles ont d'abusif.

Deux fictions, celle de la représentation de la personne du monarque par l'ambassadeur (1) et celle de l'exterritorialité du ministre public, contribuent surtout à cette exagération qui trouve peut-être une justification historique dans la considération que l'imperfection des autorités locales nécessitait une solide protection contre les désordres populaires ou contre les caprices du despotisme (2).

(1) PRADIER-FODÉRÉ, *Cours de droit diplomatique*, t. Ier, p. 272.

(2) ROLIN-JAEQUEMYNS, *Consultation dans l'affaire Arnim*, dans le *Rechtsgutachten erstattet zum Process des Grafen H. von Arnim, von Prof. Dr Wahlberg, Prof. Dr Merkel, Prof. Dr von Holtzendorff und Adv. Rolin-Jaequemyns*. Munich, 1875, p. 123 et suivantes.

De nos jours, la théorie la plus favorable aux agents diplomatiques leur accorde, outre le droit au cérémonial, l'inviolabilité et l'indépendance. L'inviolabilité, c'est la sûreté absolue, complète, c'est le droit à la protection la plus vigilante, la plus efficace (1). L'indépendance, c'est la prérogative du ministre public qui consiste dans le droit et dans le fait de ne point être placé sous la juridiction et sous l'autorité de l'État où il réside, de n'être soumis à aucune juridiction, à aucune autorité étrangère (2). A l'indépendance de l'agent diplomatique, Grotius donna pour base la fiction de l'exterritorialité (3), d'après laquelle un ministre public doit être regardé comme résidant toujours dans le pays d'où il est venu et, par conséquent, hors du territoire de la nation où il a été envoyé, quoiqu'il y soit matériellement (4). Des corollaires nombreux dérivèrent de cette fiction et c'est ainsi que l'on vit apparaître l'immunité des impôts et l'exemption des droits de douane; la franchise de l'hôtel qui entraînait le droit d'asile et la franchise des quartiers reconnue à Rome, à Venise, à Madrid, à Francfort-sur-le-Mein durant l'assemblée pour l'élection et le couronnement de l'empereur; l'exemption de la juridiction de la police; l'immunité de la juridiction civile et de la juridiction criminelle, que Grotius défend par ce très mauvais argument, que les ambassadeurs sont les mandataires de l'adversaire, de l'ennemi du souverain auquel ils sont accrédités; la juridiction et la surveillance sur la suite; le droit de culte domestique. Il n'est pas un de ces privilèges qui ne fût réclamé en fait, et qui ne trouvât des défenseurs sur le terrain de la théorie.

L'exagération du droit d'ambassade apparaît surtout au XVIIe siècle; elle coïncide avec l'époque la plus florissante de la diplomatie et, en ce qui concerne la doctrine, elle est postérieure à Grotius, qui exerça en ce point une influence qu'il faut déplorer. Comme notre travail s'arrête à Grotius, les théories que nous rencontrerons seront en général modérées. La corrélation du fait et de la doctrine apparaîtra ici encore ; on verra la situation de la diplomatie influer sur les idées des auteurs; timides seront les ministres publics, modestes seront les publicistes.

Dès l'antiquité, il est reconnu que le caractère des envoyés doit être

(1) PRADIER-FODÉRÉ, ouvrage cité, t. II, p. 11.
(2) Le même, ouvrage cité, t. II, p. 39.
(3) GROTIUS, *Le droit de la guerre et de la paix.* Traduction de BARBEYRAC, liv. II, chap. XVIII, § 4, nº 8.
(4) PRADIER-FODÉRÉ, ouvrage cité, t. II, p. 41.

respecté et Bynkershoek a beau jeu pour railler les auteurs qui s'étendent longuement à faire voir, par des témoignages des Grecs et des Romains, que les ambassadeurs sont des personnes sacrées et inviolables. « Plus ces écrivains ont eu d'érudition, dit-il, plus ils ont étalé ici un tas d'autorités pour prouver une chose que personne ne nie ([1]). »

Le droit romain proclamait l'inviolabilité de l'ambassadeur. Le droit canon faisait de même et, dans la définition du droit des gens, insérée par Gratien dans sa *Concorde des canons discordants*, se trouvait énumérée la coutume de respecter les envoyés : « *Jus gentium est sedium occupatio... legatorum non violandorum religio.* »

Les glossateurs et les commentateurs de l'un et de l'autre droit développèrent ces maximes fondamentales, et c'est ainsi qu'à l'occasion des représailles on les voit tous, sans exception, soustraire les ambassadeurs à cette mesure. Alphonse X, copiant le droit romain, déclarait formellement, dans les *Siete Partidas*, que tout envoyé venant en Castille, soit chrétien, soit mahométan, devait être en sûreté; personne ne pouvait lui occasionner du mal ni à sa personne, ni à ses biens; si l'envoyé étranger était débiteur en vertu d'une obligation contractée antérieurement à la mission, il n'était permis ni de l'arrêter, ni de le poursuivre en justice; mais les poursuites étaient autorisées pour les dettes contractées pendant le séjour ([2]). Le langage de Christine de Pisan, dans le *Livre des faits d'armes et de chevalerie* composé sous l'influence d'Honoré Bonet, n'était pas moins explicite. « Je te dy ainsi que de droit escript, les ambassadeurs ou legaulx ont partout privelege d'aler seurement eulx et leurs choses et, depuis que au roy vont, n'appartient à nul homme des siens les empeschier ([3]). »

En règle générale, la pratique se conformait à la théorie; l'inviolabilité de l'envoyé ennemi était même reconnue dans les guerres contre des Infidèles, et l'histoire des croisades nous fournit des cas nombreux où nous voyons les ambassadeurs des Sarrasins traités avec une réelle courtoisie. Il nous faut cependant signaler un trait particulier rapporté par Joinville. « Or est tex (telle) la coustume entre les Chrestiens et les Sarrasins, dit le chroniqueur, que quand li roys ou li soudans meurt,

([1]) Bynkershoek, *Traité du juge compétent des ambassadeurs*. Traduction de Barbeyrac, chap. V, § 1.

([2]) E. Nys, *Les siete partidas et le droit de la guerre*.

([3]) Christine de Pisan, *Le livre des faits d'armes et de chevalerie*. Troisième partie, chap. XXII.

cil qui sont en messagerie, soit en paennime ou en chrestientei, sont prison et esclave; et pour ce que li soudans qui avoit donnei la seurtei au patriarche fu mors, li diz patriarches fu prisonniers aussi comme nous fumes [1]. »

Si l'inviolabilité des ambassadeurs était généralement reconnue, il n'en était pas de même de leur indépendance.

Longtemps la question de l'indépendance de l'ambassadeur put se ramener à celle de l'immunité de la juridiction civile et criminelle; et sur ce point l'accord fut loin de s'établir. La plupart des auteurs accueillirent même une opinion contraire à toute idée d'exemption et qui semblait avoir pour elle l'autorité des jurisconsultes romains dont le système se résumait, dans ses grandes lignes, comme suit. En matière civile, ils accordaient aux *legati* le droit de demander le renvoi devant les juges du lieu de leur domicile pour les affaires contractées avant qu'ils fussent en ambassade; ils les soumettaient aux juges de Rome à l'égard des affaires contractées durant leur mission. En matière criminelle, si le crime avait été commis pendant le temps de l'ambassade, ils les obligeaient également à répondre en justice à Rome. Mais en appliquant ces dispositions aux ambassadeurs, les écrivains du moyen âge versaient dans une grave erreur; les *legati* du droit romain différaient complètement des ambassadeurs du droit des gens, le terme latin désignant simplement les députés de quelque province ou de quelque ville de l'empire qui étaient adressés à l'empereur pour exécuter les commissions de la province ou de la ville.

Dans l'ordre chronologique, le premier auteur qui étudie plus ou moins systématiquement le droit d'ambassade est Martin Garat de Lodi, *Martinus Garatus Laudensis* [2]. Originaire de Lodi, on le voit enseigner le droit à Pavie dès 1438, et à Sienne dès 1445. Comme nous l'avons dit ailleurs, Garat procède de Bartole et de Balde, qu'il cite à chaque instant [3]. La forme de ses traités est assez curieuse; ils se composent d'une série de propositions; le *Tractatus de legatis maxime prin-*

(1) JOINVILLE, *Histoire de saint Louis*, chap. LXXI.

(2) On consultera avec fruit sur la littérature du droit d'ambassade : OMPTEDA, *Literatur des gesammten Völkerrechts*. — KAMPTZ, *Neue Literatur des Völkerrechts*. — MIRUSS, *Das europäische Gesandschaftsrecht*. — RIVIER, *Note sur la littérature du droit des gens avant la publication du Jus belli ac pacis de Grotius*.

(3) E. NYS, *Le droit de la guerre et les précurseurs de Grotius*, p. 164.

cipum [1] en comprend trente-neuf qui sont autant d'extraits des glossateurs et des commentateurs et qui occupent dans le recueil de Ziletti une page et demie.

Gonsalve de Villadiego (*Gundisalvus de Villadiego*) est l'auteur d'un travail beaucoup plus étendu. Né à Villadiego, dans le diocèse de Burgos, il étudia à Salamanque, où il prit le bonnet de docteur et où il devint professeur en droit. Chanoine de Tolède en 1476, il se vit désigner par Ferdinand et Isabelle pour occuper dans le tribunal de la Rote, à Rome, le poste d'auditeur pour les affaires d'Espagne. Il mourut en cette dernière ville peu après sa promotion au siège épiscopal d'Oviédo [2]. Son *Tractatus de legato* est divisé en trois parties, dont la deuxième seule nous intéresse [3]. Gonsalve de Villadiego résout affirmativement la question de savoir si les clercs et les prélats peuvent être envoyés en qualité d'ambassadeurs de princes séculiers, examine quel doit être le nombre des envoyés — d'après lui, trois suffisent — et demande si, en cas de mort de l'un des agents, les autres peuvent exécuter la mission. Au sujet des *excuses* et du *remplacement*, il invoque les dispositions du droit romain. L'auteur discute aussi deux questions qui avaient surgi en Italie, celle de savoir à qui appartiennent les dons remis aux envoyés et celle de savoir à qui incombe le dommage subi par ceux-ci. En ce qui concerne la juridiction, il adopte le système du droit romain que nous avons indiqué. Il proclame l'inviolabilité de l'envoyé et rappelle que, d'après Henri de Suze et Jean Andrée, lorsqu'un ambassadeur adressé au pape est excommunié, le pape a coutume de le relever de la censure pendant toute la durée de la mission, de façon cependant que l'excommunication reprend force et vigueur une fois l'ambassade terminée. Le sujet entraîne même l'écrivain sur le terrain du droit public, et, traitant de l'autorité compétente pour choisir les ambassadeurs, il cite les discussions des canonistes et des civilistes sur la composition de l'*adunantia* ou *magnum* et *generale consilium* de la cité. Innocent IV admettait à l'*adunantia* tous les citoyens, hommes et femmes, âgés de plus de quatorze ans [4], tandis que d'autres publi-

(1) *Tractatus universi juris*, t. XVI, fol. 212 verso.
(2) Antonio, *Bibliotheca hispana vetus*, t. I, p. 420.
(3) *Tractatus universi juris*, t. XIII, deuxième partie, fol. 258 à 283.
(4) Innocent IV, *In quinque libros decretalium apparatus*, liv. V, tit. XXXII, *De novi operis nunciatione*, chap. II.

cistes excluaient les femmes et admettaient seulement — c'est notamment l'opinion de Bartole — les citoyens mâles âgés de plus de vingt-cinq ans.

André de Barbatia, né à Messine en 1400, professeur à Bologne, mort en 1479, Enée dei Falconi (*Æneas de Falconibus*), originaire de Magliano, Nicolas de Bohier (*Boerius*), né à Montpellier en 1469, mort en 1539, avocat et professeur à Bourges, conseiller ordinaire du roi, président à Bordeaux (¹), Pierre-André Gambaro (*Gambarus, de Gambarinis*), né en 1480, mort en 1528, auditeur du palais apostolique sous Clément VII, Jean Bruneau (*Johannes Brunellus*), professeur de droit canon à Orléans (²), Raphael Cyllenius Angeli, de Vérone, et l'auteur anonyme d'un traité *De legato papæ*, paru à Venise, en 1558, qui figurent assez fréquemment dans la littérature du droit d'ambassade, ont plus spécialement écrit sur les légats du pape.

Étienne Dolet, qui fut brûlé comme athée à Paris, en 1546, a laissé le *Liber unus de officio legati quem vulgo ambassiatorem vocant. Et item alter de immunitiate legatorum. Et item alius de legationibus Joannis Langiachi, Episcopi Lemovicensis.* Dolet avait été le secrétaire de Jean du Bellay, seigneur de Langey, qui fut successivement évêque de Bayonne, de Paris, de Limoges, archevêque de Bordeaux, enfin évêque du Mans et qui obtint, en 1535, le chapeau de cardinal. Frère de Guillaume et de Martin du Bellay, le cardinal était, comme ceux-ci, un habile diplomate.

Chargé, en 1529, d'une mission politique à Venise, il attacha à sa personne Dolet, âgé alors de dix-neuf ans et qui, après avoir étudié les belles-lettres à Paris, s'était rendu en 1526 en Italie, où, pendant trois années, il avait travaillé, à Padoue, sous la direction de Simon de Villeneuve. La mission dura près d'une année, que le jeune secrétaire employa à continuer ses études. Au retour en France, sur les conseils de son protecteur, Dolet commença à Toulouse, dans le courant de 1531, l'étude du droit, mais, en 1533, une harangue dans laquelle il frondait l'arrêt que le parlement venait d'édicter contre les sociétés d'étudiants,

(¹) Rivier, *Introduction historique au droit romain*, p. 586.

(²) « Messire Jean Bruneau, chanoine de Sainte-Croix et de Saint-Agnan, docteur régent en icelle université, 1531, » dit François Le Maire, dans son *Histoire de la ville et duché d'Orléans*, p. 376.

le fit emprisonner comme séditieux et bientôt après expulser de la ville. « Cette aventure, dit un de ses biographes, le dégoûta complètement de l'étude du droit [1]. » Le livre dont nous parlons fut imprimé à Lyon, en 1541, par Dolet lui-même; il est in-4° et comprend quarante-six pages chiffrées sans compter le dernier feuillet. Nous n'avons pu le lire, car il est devenu fort rare [2], et il nous est ainsi impossible de juger de sa valeur et de dire s'il est plus qu'une œuvre littéraire et s'il mérite d'être pris en considération dans l'histoire des théories concernant le droit de légation. Les biographes de Dolet donnent cependant sur l'ouvrage quelques détails et rapportent notamment que la troisième partie, qui parle des ambassades de Jean du Bellay, est écrite en vers hexamètres. L'auteur avait composé son petit poème durant son séjour à Venise, mais quand il le publia en 1541, il y fit quelques changements et écrivit en prose les deux traités qui le précèdent [3]. D'après un autre écrivain, le livre de Dolet ne manquerait ni de finesse ni de malice, et c'est ainsi qu'il recommanderait aux ambassadeurs de s'entourer de domestiques taciturnes, de se servir d'espions vigilants et de mettre en œuvre toutes sortes de fictions, surtout en négociant avec la cour de Rome ou avec les princes italiens [4].

Le *Tractatus de Oratoribus seu legatis principum et de eorum fide et officio* de Jules Ferretti, inséré dans les *Consilia et tractatus* de cet auteur, Venise, 1564, in-4°, fol. 81 verso à fol. 84 verso, s'occupe uniquement des envoyés en temps de guerre. Il n'offre aucun intérêt. On sait que l'auteur, né à Ravenne en 1480, mort en 1547, avait occupé les fonctions d'auditeur royal et de gouverneur de la Pouille sous Charles-Quint.

Pierre Rebuffe, né en 1487, professeur de droit civil à Montpellier, à Toulouse, à Cahors, à Bourges, professeur de droit canon à Paris, ordonné prêtre en 1547, mort en 1557, est indiqué par la plupart des écrivains comme l'auteur d'un traité *De legatis regum, principum et communitatum seu civitatum.* Ce travail se trouve, en effet, à la suite

(1) BOULMIER, *Estienne Dolet, sa vie, ses œuvres, son martyre*, p. 9 et suivantes et p. 76.

(2) CLÉMENT, *Bibliothèque curieuse*, t. VII, p. 418.

(3) *Vie d'Étienne Dolet, imprimeur à Lyon dans le seizième siècle.* Paris, 1777, p. 114.

(4) FERRARI, *Histoire de la raison d'État*, p. 296.

des *Tractatus varii* de Pierre Rebuffe, mais il n'est que la reproduction pure et simple du traité de Martin Garat.

L'ouvrage de Conrad Braun (*Brunus*), *De legationibus libri quinque*, est volumineux. Dans la première édition, imprimée à Mayence en 1547, il comprend 242 pages in-folio. L'auteur, originaire du Wurtemberg, avait étudié le droit à Tubingue. Successivement au service de l'évêque de Wurtzbourg et du prince de Bavière, il fut chargé par Charles-Quint de rédiger les règlements de la chambre impériale d'Augsbourg. Braun était chanoine d'Augsbourg.

Le premier livre du traité s'occupe des personnes qui envoient des ambassades; le deuxième, des envoyés; le troisième, des charges et devoirs des envoyés; le quatrième, des privilèges et des immunités des ambassadeurs; le cinquième, des personnes à qui des ambassades sont adressées. La valeur de l'ouvrage est loin d'être grande; l'auteur n'a même pas la notion exacte du caractère de l'ambassadeur, qu'il ne parvient pas à considérer comme l'envoyé d'un souverain, et dans ses différents développements il se contente de généralités et se borne à invoquer les exemples que lui fournit l'antiquité. Son traité est diffus et manque de méthode. Du reste, son influence fut presque nulle. En un point cependant, il mérite qu'on tienne note de son opinion. Brunus, en effet, n'admet le privilège de l'inviolabilité que pour les envoyés qui s'acquittent honnêtement de leur mission.

En 1566, parut à Venise un traité d'Octavien Maggi (*Octavianus Magius*), *De legato libri duo*. Maggi était un jurisconsulte italien qui fut employé à diverses ambassades, à Rome et en France. Son ouvrage est également devenu fort rare, et nous n'avons pu nous le procurer.

Pierre Ayrault s'est occupé du droit d'ambassade dans son livre intitulé : *L'ordre, formalité et instruction judiciaire dont les anciens Grecs et Romains ont usé ès accusations publiques (sinon qu'ils ayent commencé à l'exécution), conféré au stil et usage de nostre France.* Pierre Ayrault (*Petrus Ærodius*), était né à Angers en 1536; après avoir fait son droit à Toulouse, il passa à Bourges pour profiter des leçons de Douaren, de Cujas et de Doneau. Avocat à Paris, il quitta cette ville en 1568 pour aller exercer la charge de lieutenant criminel à Angers, où il mourut en 1601. Le traité dont nous nous occupons parut pour la première fois en 1576; il ne comprenait alors qu'un seul livre, mais l'auteur en donna successivement des éditions augmentées.

Ayrault offre ceci de remarquable qu'il est le premier auteur qui donne au droit d'ambassade une grande extension et qu'il émet les idées que Grotius défendra à son tour dans son *Traité du droit de la guerre et de la paix*. La fiction de l'exterritorialité se trouve chez Ayrault, bien que le terme n'y soit pas; celle de la représentation personnelle y est également.

Esprit méthodique, notre auteur dégage d'abord la matière des ambiguïtés dans lesquelles ses prédécesseurs l'avaient laissée: « Or, afin que nous ne nous abusions point, ce n'est pas *de legatis magistratuum* (car ils estoient jurisdiciables de leur consul ou de leur préteur), ni *de legatis provinciarum* que nous entendons parler icy (car ils estoient subjects ou citoyens comme les autres), mais *de legatis hostium aut sociorum* qu'en France nous appelons spécialement *Heraux d'armes* ou *Ambassadeurs*. » Le terrain déblayé, l'auteur demande si l'ambassadeur jouit de l'inviolabilité et, comme conséquence de cette inviolabilité, de l'immunité de la juridiction civile et criminelle. La réponse est affirmative. « Puisqu'il y a une parenté et consanguinité entre les hommes à plus forte raison que de toute espèce à espèce entre les bestes brutes, il ne faut pas que nos inimitiez soient immortelles. Il faut que nous nous reconcilions quelquefois comme font parens et concitoyens et quand bien nous ne le voudrions faire, il y a une vicissitude et révolution nécessaires en toutes choses, conséquemment aussi de la paix et de la guerre, qui nous y force et contraint le plus souvent. Or, pour y parvenir, il estoit donc très necessaire que ceux, lesquels au milieu des armées et entre le feu et le sang, iroient et viendroient d'un party à autre pour traicter et manier cette paix, eussent telle seureté et privilege qu'on ne les peust toucher ne violer non plus que les saincts et sacrez dieux. Autrement qui voudroit entreprendre charge si dangereuse? » L'auteur proclame donc que l'on ne peut rien exécuter ni entreprendre contre les envoyés étrangers, qu'on ne les peut pas même « traiter en justice pour crime qu'ils aient commis ». Un autre argument qu'il fait valoir, c'est que l'ambassadeur représente la personne du prince « qui est sacrée ». « Le punissant, vous puniriez aucunement le prince en la personne de son agent, lequel de son chef n'a toutefois point délinqué, et où il l'auroit faict, *solutus est legibus*, et ne peut estre puny, traitté, ni convenu par devant juge quelconque, si ce n'est luy. » Nouvelle considération : « Jaçoit que l'ambassadeur soit avec nous pour les affaires de son office, toutesfois en tous autres actes qui le pourroient obliger, il est tenu et reputé pour absent. Il teste ; laisse des héritiers, ce que le simple estranger ne feroit pas ; il est libre ; la guerre ouverte, il retourne en son pays, *suo jure non jure postliminii*. Il ne faut donc pas dire qu'en cas de crime on pourroit bien lui faire son procès, car il est absent ou tenu pour tel. » Nous voilà en présence de la fiction d'exterritorialité ! Ayrault ajoute qu'admettre que l'ambassadeur n'est point inviolable, permettre de le poursuivre pour crime, serait ouvrir la porte à toute espèce d'abus. Que n'imputerait-on pas à l'envoyé étranger, étant donnée la facilité de se procurer contre lui des témoins et de disposer des juges? Plus l'ambassadeur serait « homme de service et d'entendement », plus il serait exposé, car l'ennemi aurait intérêt à le perdre [1]. L'idée défendue par Ayrault trouvera, en 1616, un défenseur dans Antoine de Mornac, qui enseignera que les ambassadeurs sont tellement sous la protection du droit des gens qu'on ne peut les contraindre à se défendre en justice, eux ou leurs, soit en matière civile, soit en matière criminelle [2].

Un peu plus tard, un autre ouvrage voit le jour. C'est le *Legatus seu de legatione legatorumque privilegiis, officio ac munere libellus ad tit. Dig. et Cod., Philippo Huralto vicecomiti Chevernio, Galliæ Procancellario dicatus, F. Le Vayer J. C., et in suprema curia advocato authore*. Paris, 1579, in-4°. Félix de la Mothe Le Vayer, né en 1547, mort en 1625, fut substitut du procureur général au parlement de Paris. Le livre est dédié à Philippe Hurault, comte de Chiverny, qui devint chancelier du royaume à la mort du cardinal de Birague, en 1581.

Le travail de Le Vayer est fort court; il comprend trente-trois pages, où il est traité, en douze chapitres, des qualités de corps et d'esprit des ambassadeurs, de leur office, de leur suite, de leur retour dans la patrie. Les envoyés sont, dit l'auteur, « *inter arma hostium sacrosancti et inviolabiles* ». Au début de son étude, il explique qu'il ne fera pas l'histoire des ambassadeurs, car il admet : « *Legatos tunc primum aut non multum post institutos fuisse cum Pandora malorum omnium semina in hunc mundum tanquam in feracem ac bene subactum agrum demisit.* »

(1) Ayrault, *L'ordre, formalité et instruction judiciaire*, liv. I, quatrième partie, n° 12, p. 72 et suivantes.

(2) Mornac, *Observationes in Digestum, ad tit. De judiciis*, leg. II, § 3.

Le *Discours des estats et offices tant du gouvernement que de la justice et des finances de France, contenant une briefve description de l'autorité, jurisdiction et cognoissance de la charge particulière de chacun d'iceux* par Charles de Figon renferme plusieurs pages au sujet du droit d'ambassade. Charles de Figon était conseiller et maître ordinaire en la chambre des comptes de Montpellier. Son livre, imprimé à Paris en 1580, comprend 126 pages in-8°. Ce n'est pas au point de vue juridique que l'auteur se place, et nous pourrions le passer sous silence s'il n'exposait quelques idées qui méritent d'être signalées.

D'après Figon, « les effets de la justice s'estendent pour la conservation de l'estat public du royaume aussi bien au dehors comme dans les limites d'icelui. A ceste fin et tout aussi comme aux provinces limitrophes sont ordonnez et establis des gouverneurs et lieutenans généraux de la Majesté, entre autres choses pour avoir l'œil au déportement des princes estrangers qui sont voisins des provinces qu'ils ont en charge et gouvernement, et obvier à ce qu'ils ne machinent ni entreprennent aucunement sur icelles, le roy a accoustumé d'envoyer devers les roys et plus grands princes ses voisins avec lesquels il a bonne paix, amitié, alliance et confédération et tenir aupres d'eux des ambassadeurs, à cest effect d'eslire et choisir des personnages qui soient de la qualité et suffisance requise, gens entendus et expérimentez pour se manier et composer envers lesdits princes où ils sont envoyez l'amitié selon l'estat et la disposition des affaires et le deu du service du roy. » Les ambassadeurs doivent, selon Figon, travailler à maintenir la paix entre les princes, obvier aux entreprises qui pourraient troubler l'amitié, avertir le roi de tout ce qui se passe. Il rappelle que « l'on a accoustumé de commettre et depputer le plus souvent des membres du conseil d'Estat ou d'autres grands personnages » et montre les princes étrangers envoyant à leur tour des *résidents* auprès du roi de France. Ces résidents « sont volontiers triennaires et, leur terme parachevé, en sont envoyez d'autres en leur lieu qu'ils attendent avant leur partement pour les instruire et dresser particulièrement selon les derniers erremens et estat de leurs charges. »

Balthasar de Ayala, l'auteur du *De jure belli et officiis bellicis et disciplina militari* (1) ne traite qu'incidemment des envoyés; il s'en occupe

(1) E. Nys, ouvrage cité, p. 173 et suivantes.

au chapitre IX du premier livre, mais uniquement au point de vue des envoyés en temps de guerre.

Des jugements divers ont été portés sur le traité des ambassades d'Albéric Gentil, mais louanges et critiques ont été également exagérées et il faut dire que si le livre de l'illustre professeur d'Oxford n'est pas précisément un chef-d'œuvre, c'est du moins le premier travail systématique sérieux qui ait paru sur la matière. Les *De legationibus libri tres* furent édités en 1585 et forment un volume in-4° de 146 pages. L'ouvrage est dédié à Philippe Sidney. L'auteur est trop connu pour que nous fassions sa biographie (¹).

Le premier livre comprend vingt chapitres. Gentil indique d'abord les diverses espèces de légations. Il établit une première distinction d'après les personnes qui envoient l'ambassade et énumère ainsi la légation de l'État ou du prince libre vers l'État ou le prince libre, celle de l'État ou du prince non libre vers l'État ou le prince non libre, enfin, la légation mixte ou, en d'autres termes, celle de l'État ou du prince non libre vers l'État ou le prince libre et réciproquement. Une deuxième distinction se base sur l'objet de l'ambassade ; celle-ci peut avoir en vue l'intérêt public; dans ce cas, elle est publique ; elle peut avoir pour but l'intérêt privé; dans ce cas, elle est libre; c'est la *legatio libera* du droit romain. Enfin, la légation peut avoir en vue la paix ou la guerre.

Gentil définit les ambassadeurs permanents. « *Legatos temporis sive temporarios*, dit-il, *eos dico qui ad non definitum certumque negotium sed ad tempus sive certum sive incertum ita mittuntur, ut dum in legatione degunt omnia tractent faciantque quæ e re mittentis toto illo tempore esse contingant.* » L'auteur ajoute que ces *legati temporarii* sont assez communs et qu'on les appelle *résidents* : « *Sunt enim quos residentes vulgari sermone nominare solemus.* »

Gentil s'étend sur les solennités de l'ambassade, sur les fétiaux, etc.; nous nous retrouvons ici en plein droit romain. Il s'occupe des origines du droit d'ambassade, mais, sur ce point, son travail n'offre rien de particulier, si ce n'est qu'il rappelle que quelques auteurs font remonter l'institution à Bélus, fils de Ninus, tandis que Josèphe la rapporte à Dieu, qui établit à cet effet les anges.

Le livre II compte 23 chapitres. Le savant professeur d'Oxford insiste sur le respect dont l'antiquité entourait les envoyés et proclame ensuite

(¹) T. E. Holland, *An inaugural lecture on Albericus Gentilis.*

que les ambassadeurs ne sont ambassadeurs que pour ceux vers qui ils sont envoyés, et qu'ils ne jouissent nullement du droit de légation chez les autres peuples. Un prince peut refuser de recevoir des ambassadeurs, mais son refus doit avoir une cause. Gentil établit diverses propositions ; celui qui porte atteinte aux ambassadeurs d'autrui ne doit pas espérer qu'on respectera les siens; les rebelles n'ont pas le droit d'ambassade, pas plus que les pirates ni les brigands. Au chapitre XI, l'auteur examine une question intéressante, celle de savoir si les excommuniés ont le droit de légation. Le cas s'était présenté pour les Vénitiens, excommuniés par Jules II et qui n'en avaient pas moins continué leurs relations diplomatiques avec les États chrétiens, et l'on pouvait invoquer d'autre part, en faveur d'une solution affirmative, l'exemple des princes catholiques conservant des rapports avec les princes protestants. On devine la réponse de Gentil, qui est protestant. Celui-ci résout aussi affirmativement la question de savoir s'il est permis d'entretenir des relations avec les Turcs. « La religion, dit-il, est affaire entre Dieu et les hommes, non entre les hommes; » il s'élève avec force contre les guerres religieuses : « *Bella religionis causa movenda non sunt. Id alii probarunt et ego pro probato adsumo;* » et il conclut en proclamant que le droit d'ambassade demeure debout malgré tous les différends religieux : « *Ergo in quocumque religionis discrimine manent jura legationum.* »

Aux chapitres XIII et suivants, l'auteur s'occupe de la situation juridique des ambassadeurs accueillis par le prince; ceux-ci sont inviolables ; et si la guerre éclate, il les faut respecter; mais, ajoute-il, les principes du droit romain sont en vigueur dans le droit des gens, et c'est ainsi que le juge du lieu a juridiction civile et criminelle pour tout ce que l'ambassadeur a pu faire durant son ambassade. L'opinion de Gentil n'est cependant pas absolue et dans un cas spécial, celui où l'ambassadeur conspire contre le prince auquel il est accrédité, il enseigne que la *Lex Julia majestatis* ne s'applique point, parce que la mort de l'ambassadeur dépasserait le but, qu'elle n'est nullement nécessaire et qu'il suffit de renvoyer à son maître l'agent coupable.

Une année auparavant, un cas célèbre s'était présenté en Angleterre. Wicquefort l'expose en quelques mots : « Don Bernardin de Mendoza, ambassadeur d'Espagne auprès de la reine Élisabeth, dit-il, faisait des cabales continuelles contre sa personne et contre son État... Il avait eu part à la conspiration que Trogmorton avait faite contre la vie de la reine et il avait eu la principale direction de plusieurs autres intrigues très dangereuses. Le conseil, l'ayant fait venir, lui fit des reproches fort aigres de sa conduite et lui dit qu'il eût à sortir du royaume au plus tôt, et d'autant qu'il ne se hâtait pas beaucoup on le fit embarquer dans le vaisseau du capitaine Hawkins, qui le transporta à Calais [1]. » Or, Albéric Gentil avait été consulté par le gouvernement et il avait conseillé de ne pas mettre l'ambassadeur à mort, mais de le renvoyer à son prince. L'opinion qu'il émet dans son traité ne fait donc que confirmer l'avis qu'il avait émis dans une circonstance solennelle.

Le livre III compte 22 chapitres consacrés surtout aux qualités morales, intellectuelles, physiques que doit réunir un bon ambassadeur. L'auteur exige les dons de la fortune et de la nature et des connaissances sérieuses, bien que la grande science soit inutile. L'envoyé doit manier la parole avec aisance, il faut qu'il ait une notion de la langue du pays, il doit connaître l'histoire et surtout « cette partie de la philosophie qui traite des mœurs et du gouvernement ». En une page remarquable, l'illustre professeur fait ici l'éloge de Machiavel, tant décrié à la fin du XVIe siècle, et il défend les éloquents écrits de l'homme qu'il appelle le panégyriste et le champion de la démocratie. « Machiavel, dit-il, hait la tyrannie; ce qu'il veut, c'est dévoiler les plans et les secrets du tyran, et non pas instruire et former ce dernier. »

Charles Paschal est l'auteur du *Legatus*, dont la première édition remonte à 1598. Né en 1547, à Coni (Piémont) il étudia le droit à Paris, se fixa en France et y obtint des lettres de naturalisation. Il remplit des missions de confiance sous Henri III, Henri IV et Louis XIII ; de 1604 à 1614, il fut ambassadeur auprès des Grisons. En 1592, il avait été avocat général au parlement de Rouen. Il mourut en 1625. Wicquefort l'appelle un fort savant homme, mais un ministre des plus médiocres. De fait son livre jouit longtemps d'une grande réputation, et cependant à la lecture des 87 chapitres qui le composent, on se demande quel a bien pu être le fondement de cette renommée. Bynkershoek, bon juge en la matière, a sévèrement apprécié Paschal, auquel il reproche d'avoir plus d'érudition fastueuse et de grands mots que de jugement et d'exactitude [2].

(1) WICQUEFORT, *Mémoires touchant les ambassadeurs*, p. 141.

(2) BYNKERSHOEK, *Traité du juge compétent des ambassadeurs*. Traduction de BARBEYRAC, chap. XX, § 57.

Au sujet de la question de la juridiction civile, Paschal admet les principes du droit romain (chapitre 73, *An legatus civilibus actionibus teneatur*). Au chapitre 74 (*An perduellionis recte legato dies dici potest. Quædam obiter de falso legato*) et au chapitre 75 (*An aliæ actiones pænales competant in legatum*), l'auteur s'occupe de la question de la juridiction criminelle; mais il manque de clarté et se laisse entraîner dans des considérations politiques qui obscurcissent son raisonnement juridique.

En ordre de date, vient le *De legato et legatione* de Christophe Warszewicki, *Chistophorus Varsevicius*, dont la première édition date de 1595 et dont le titre nous fait connaître la qualité et la nationalité de l'auteur: « *Eques Polonus.* » Jean Hotman, un contemporain, cite Warszewicki et l'appelle « un très docte gentilhomme polonois et souvent employé en légation pour le roi de Pologne ». Le livre n'est guère important; l'auteur innove en ce qu'il donne des exemples modernes au lieu de se contenter des exemples tirés de l'histoire ancienne, comme faisaient presque tous les prédécesseurs.

Jérémie Setzer est l'auteur d'une dissertation *De officio legatorum* parue en 1600, suivant Kamptz, en 1603, suivant Ompteda. Setzer naquit en 1558 à Schweidnitz, en Silésie, étudia successivement à Francfort-sur-l'Oder et à Iéna, fut reçu docteur en droit à Bâle et devint syndic de Francfort-sur-l'Oder. Il mourut en 1608. En 1598, il avait publié un traité *De Consiliis et Consiliariis.*

Le livre dont nous avons à nous occuper maintenant est celui de Jean Hotman. Il parut, d'abord à Paris en 1603, sous le titre de : *l'Ambassadeur*, et ensuite, revu et augmenté, sous le titre de : *De la charge et dignité de l'ambassadeur*.

Jean Hotman, sieur de Villiers-Saint-Paul, était né en 1552 à Lausanne, où son père, le célèbre François Hotman, était alors professeur de belles-lettres et d'histoire. Jean Hotman étudia le droit et passa ensuite en Angleterre, où nous le voyons incorporé à l'université d'Oxford, le même jour qu'Albéric Gentil (1). Il demeura dans ce pays pendant cinq années et, en 1585, il fut nommé par le roi de Navarre maître des requêtes de son hôtel et envoyé en Allemagne pour négocier

(1) HOLLAND, Introduction au traité *De jure belli* d'ALBÉRIC GENTIL, p. IX.

avec les princes protestants. Des missions analogues lui furent confiées dans la suite. Il mourut en 1636.

Lorsque le livre d'Hotman parut, Paschal l'accusa de l'avoir plagié et écrivit, pour établir le fondement de son accusation, une brochure qui fut imprimée à Paris en 1604, sous le titre : *Notes sur un petit livre premièrement intitulé L'Ambassadeur et depuis : De la charge et dignité de l'ambassadeur, par le sieur Villiers-Hotman.* Il la signa d'un pseudonyme : *Le sieur de Colazon, gentilhomme breton.* Jean Hotman riposta en 1605, par *l'Anti-Colazon*, et dans les nouvelles éditions de son ouvrage, il s'expliqua avec toute la netteté désirable au sujet des emprunts qu'il avait faits : « Tant s'en faut, écrit-il, que je rougisse d'avoir butiné dans les autres vieux et nouveaux ce que j'y ay rencontré de propre à mon dessein, que mesme j'avoue que la pluspart est ou de ma lecture ou du rapport de mes amis, osté par aventure une trentaine d'exemples qui sont de mon expérience. De siècle à autre, de main en main nous apprenons les uns des autres. Peu d'écrivains en ont fait autrement, surtout en discours sérieux et affaire d'importance. »

Hotman divise le sujet en cinq chapitres.

Au chapitre I, intitulé *Qui proprement est l'ambassadeur*, il distingue entre les ambassadeurs *extraordinaires*, c'est-à-dire ceux qui n'y sont que pour un temps, et les ambassadeurs *ordinaires*. « Cette sorte, dit-il, est celle qui maintenant est la plus en usage et que l'antiquité ne cognoissoit point ou peu pour la crainte qu'on avoit que le long séjour d'un ambassadeur ne fît découvrir les secrets de l'Estat. » Il établit aussi une différence entre les ambassadeurs et les résidents. « Les agents auxquels on donne parfois le titre de résidents sont personnes publiques et jouissent du droit des gens, mais ils n'ont ni séance telle, ni pouvoir si ample que les ambassadeurs ». On les envoie quand on ne veut pas accréditer un ambassadeur, soit pour éviter la dépense, soit pour faire le service avec moins d'éclat.

Le chapitre II traite des *Mœurs et qualités* de l'ambassadeur.

Le chapitre III est intitulé : *La charge en gros*. D'après l'auteur, la diversité des États et des affaires requiert diversité d'instructions, et il rappelle plaisamment qu'en Suisse « il faut plus d'argent que d'artifice, plus de bonne chère que de belles paroles ». « Aussi, ajoute-t-il, aucuns d'eux me prièrent, retournant en France en 1598, de dire au roi qu'ils avaient besoin d'un trésorier avec de l'argent et non d'un ambassadeur avec des paroles. »

Le chapitre IV s'occupe des privilèges de l'ambassadeur et de son inviolabilité. Hotman examine le cas où l'ambassadeur conspire contre le souverain auprès duquel il est accrédité et passe en revue les théories qui avaient cours à son époque. D'après les uns, il fallait distinguer s'il n'y avait eu que simple donnée ou conjuration sans exécution, ou bien s'il y avait eu exécution, le droit des gens ne mettant pas sur la même ligne le délit commis et le délit projeté et ne punissant pas la simple pensée, comme le faisait la loi romaine en matière de crime de lèse-majesté. D'après les autres, on devait établir une distinction suivant que l'ambassadeur était ou non avoué par son maître.

Nous avons vu que le cas s'était présenté en Angleterre. Lors de la conspiration de Mendoza, Hotman fut consulté en même temps qu'Albéric Gentil, et son avis fut le même que celui du savant professeur d'Oxford. « Nous dismes conformément que le plus expédient et ordinaire moyen et le plus salutaire à l'Estat estoit d'en avertir son maistre et attendre l'aveu ou le désaveu. »

Il y eut à la même époque un autre cas de conspiration d'un ministre public. « Jean Lesley, évêque de Ross, était, dit Wicquefort, ambassadeur ordinaire de Marie Stuart, même avant sa détention, auprès de la reine Élisabeth d'Angleterre... Il ne se fit point d'intrigue en Angleterre contre le repos du royaume, ni de conspiration même contre la vie de la reine Élisabeth dont il ne fût l'auteur ou un des principaux complices. Les preuves en étaient si évidentes, que le conseil l'ayant fait venir, il en confessa assez pour le faire condamner, sans le privilège de son caractère, dont il réclama la protection... Les membres du conseil demandèrent l'avis des plus savants jurisconsultes de Londres (1). » Ces jurisconsultes, David Lewis, Valentin Dale, Guillaume Drury, Guillaume Aubrey et Henri Jones, furent appelés à répondre à diverses questions, qui méritent d'être rappelées, ainsi que les solutions qu'elles reçurent. Voici les unes et les autres :

I. Un ambassadeur qui excite une rébellion contre le prince vers lequel il est envoyé en qualité d'ambassadeur doit-il jouir des privilèges d'ambassadeur et n'est-il pas punissable? — La réponse fut que cet ambassadeur a perdu les privilèges que cette qualité donne et est punissable. II. Le ministre ou le procureur d'un prince déposé par autorité publique et en la place duquel il y en a un autre d'installé (la

(1) Wicquefort, ouvrage cité, p. 140.

reine d'Écosse avait résigné la couronne en faveur de son fils), doit-il jouir du privilège d'ambassadeur? — La réponse fut que si le prince a été légitimement déposé, son ministre ne peut réclamer les privilèges d'ambassadeur, car il n'y a que des princes absolus et souverains qui puissent nommer des ambassadeurs. III. Un prince qui vient dans le pays d'un autre et qui est en prison peut-il avoir un ministre et ce ministre doit-il être regardé sur le pied d'un ambassadeur? — La réponse fut que si ce prince n'a point perdu sa souveraineté, il peut avoir son procureur; mais le point de savoir si ce procureur peut avoir le privilège d'ambassadeur dépend de l'autorité de sa commission. IV. Un prince ayant averti ce procureur et son souverain qui est en prison que désormais il ne sera plus regardé sur le pied d'ambassadeur, ce procureur peut-il en justice réclamer le privilège d'ambassadeur? — La réponse fut qu'un prince peut défendre à un ambassadeur d'entrer sur ses terres et lui peut ordonner d'en sortir, s'il ne se renferme pas dans de justes bornes; mais qu'en attendant, il doit jouir des privilèges d'ambassadeur (1).

La reine Élisabeth et son conseil, satisfaits de ces réponses, envoyèrent l'évêque de Ross prisonnier dans l'île d'Ely, d'où il fut transféré à la tour de Londres. Hotman rappelle le fait de cette consultation, mais comme il se place surtout au point de vue politique, on le voit insister sur la prudence et sur la réserve commandées en pareille circonstance et, tout en constatant le silence des lois, il enseigne que, même pour les délits commis contre les particuliers, *il est plus seur et plus séant* de s'adresser au souverain de l'ambassadeur.

Au chapitre V, l'auteur se rallie, en ce qui concerne la juridiction en matière civile, à la théorie romaine et distingue entre les contrats passés avant la légation et ceux qui sont passés pendant la légation.

Au chapitre VI, traitant du *retour*, il rappelle que les dons qui ont été faits à l'envoyé sont sa propriété. « Ce n'est pas le cas dans tous les pays, ajoute-t-il, mais le sénat de Venise en use courtoisement; il se contente de se faire représenter ce qui a été donné à ses ambassadeurs, lesquels par permission en font après leur propre. »

Le *Legatus ejusque jura, dignitas et officium duobus libris explicata*, est

(1) Chaufepié, *Supplément au Dictionnaire historique et critique de* Bayle, t. III, p. 58, v° Lesley (Jean). — Ward, *Enquiry into the foundation and history of the law of nations in Europe*, t. II, p. 486.

l'œuvre de Hermann Kirchner. La première édition est de 1603. Celle de 1614, que nous avons eue sous les yeux, forme un volume de 316 pages in-4°. Le livre Ier comprend 8 chapitres; le livre II, 10 chapitres. L'auteur examine la définition du mot *legatus*, demande qui a le droit d'envoyer un ambassadeur et à qui l'on peut en adresser. Il agite la question de savoir s'il est permis de refuser de recevoir un envoyé, parle du choix des ambassadeurs, de leur nombre, de leur sécurité, de leur réception et de leur renvoi. Il enseigne que l'ambassadeur peut être puni pour toute espèce de crime, sauf le crime de lèse-majesté, qui ne se commet que par les sujets et ordinairement par l'intention seule, laquelle est punissable non devant le droit des gens, mais devant le droit civil seulement. Kirchner était professeur d'histoire, d'antiquité et d'éloquence à l'université de Marbourg.

Il nous faut signaler ici une dissertation anonyme, publiée à Strasbourg en 1606, réimprimée la même année à Paris, sous le titre: *Quæstio vetus et nova an legatum adversus principem vel rempublicam ad quam missus est, delinquentem salvo jure gentium capere, retinere ac punire liceat?* (1). L'auteur permet de punir l'ambassadeur qui se rend coupable envers le prince auquel il est accrédité, mais il recommande la prudence. Nous n'avons pu nous procurer le traité et nous devons nous borner à citer cette pensée fondamentale d'après le travail que Richard Zouch publia, en 1657, sous le titre : *Solutio quæstionis veteris et novæ sive de legati delinquentis judice competente dissertatio, in quo Hug. Grotii de ea re sententia explicatur, expenditur et asseritur.*

Vient ensuite, en ordre de date, Wolffang Heider (*Heiderus*), professeur à Iéna, auteur d'une dissertation *De legatis et legationibus*, imprimée à Iéna, en 1610. Mathieu Bort (*Bortius*), originaire de Wismar (Mecklembourg), écrivit, en 1611, un opuscule *De legationibus et legatis*, que Dominique Van Arum (*Arumæus*), né à Leeuwarden en 1579, professeur à Iéna depuis 1602, mort en 1637, a reproduit dans le tome Ier de la collection de dissertations de droit public qu'il a publiée de 1616 à 1623, en cinq volumes in-4°, sous le titre de *Discursus academici de jure publico.* Dominique Van Arum est lui-même l'auteur d'un *Discursus an legatus in principem ad quem missus est conjurans puniri possit*, dans lequel il

(1) Draudius, *Bibliotheca classica.* — Miruss, *Das Europäische Gesandschaftsrecht*, t. II, p. 67.

résout affirmativement cette question, et il a réimprimé, au tome Ier de sa collection, une dissertation *De legatis* soutenue à Iéna par Georges Schubhard, sous la présidence de Jean Griepenkerl (*Gryphiander*), professeur à l'université. La dissertation de Bort est politique plutôt que juridique, tout comme la thèse de Schubhard ou, pour être plus exact, de son maître Gryphiander. L'une et l'autre invoquent les travaux de Gentil, de Kirchner, de Warszewicki, de Heider et citent fréquemment un écrivain aujourd'hui tombé dans un oubli complet, mais qui jouit au XVIIe siècle d'une grande réputation, Frédéric Furius Ceriolanus, moraliste et homme d'État espagnol, né vers 1510, mort en 1592, auteur du traité *Del consejo y consejero*, qui fut traduit plusieurs fois en latin. Nous signalerons, à cette occasion, un autre écrivain qui eût également son heure de célébrité, Pierre-André Canonhieri (*Canonherius*), qui publia, en 1614, à Anvers, l'*Introduzione alla politica, alla ragione di stato et alla pratica del buon governo*, dont le troisième livre est consacré aux ambassades, et l'année suivante, un traité *De legatis*. Canonhieri était né à Gênes ; après avoir étudié la médecine, puis le droit, il avait embrassé la carrière militaire pour finir par s'établir comme médecin et comme avocat à Anvers.

En 1618 parut à Anvers, sous le titre de Κηρυκεῖον *sive legationum insigne in duos libros distributum*, en 251 pages in-8°, un livre de Marselaer qui, notablement augmenté, porta dans les éditions suivantes le titre de *Legatus*.

Frédéric de Marselaer, né à Anvers en 1584, d'une famille distinguée, étudia à Louvain, où il devint licencié en droit en 1611. Il voyagea quelque temps et, à son retour, épousa, à Bruxelles, Marguerite de Baronaige. Échevin de Bruxelles en 1614, trésorier de la ville en 1620, il fut bourgmestre en 1623 et six autres fois depuis. Il mourut en 1670. On lui reproche une vanité excessive, qui apparaît dans la plupart de ses œuvres (¹). Il fit des éditions superbes du *Legatus*, se complut à rappeler les éloges qu'avait reçus le livre, et des juges compétents prétendent voir dans l'énumération des qualités qu'il exige de l'ambassadeur et parmi lesquelles il place une haute naissance, une attaque mesquine dirigée

(¹) PAQUOT, *Mémoires pour servir à l'histoire littéraire des dix-sept provinces des Pays-Bas, de la principauté de Liège et de quelques contrées voisines*, t. XVI, p. 174 et suivantes.

contre l'illustre Rubens, que l'on avait chargé d'importantes missions diplomatiques, au grand déplaisir de notre auteur.

Les deux livres du *Legatus* comptent ensemble 87 dissertations. La majeure partie de l'ouvrage est consacrée aux qualités requises chez un ambassadeur. Au livre II, l'auteur examine la question de l'inviolabilité de l'envoyé et celle de la juridiction. En matière civile, il admet les principes du droit romain; en matière pénale, il soumet l'envoyé à la juridiction du souverain auquel il est accrédité, et enseigne que si celui-ci ne punit pas l'ambassadeur délinquant, c'est par humanité ou par politique.

En 1619, un écrivain au sujet duquel nous n'avons pu trouver le moindre détail biographique, André Jonas, publia à Stockholm, au dire d'Ompteda, un traité *De inscriptionibus, salutationibus, litteris credentialibus legationis.*

Le livre de don Juan Antonio de Vera y Cunniga, *El Embaxador*, est de 1620. Il fut traduit en français. Jean-Antoine de Vera et Figueroa, avec l'adjonction de Cunniga, qu'il tenait de sa mère, était né à Mérida et fut l'envoyé de Philippe III à Venise. Créé par ce dernier comte de Roca, il mourut en 1658, à l'âge de plus de soixante-dix ans. Son livre n'a pas grande valeur.

La même année vit paraître la dissertation *De legatis et legationibus*, dont l'auteur, Reinhard Kœnig ou Koning, après avoir étudié à Iéna et à Giessen, fut professeur de politique à Rinteln. Cette dissertation figure au tome II de la compilation de Van Arum.

En 1622 parurent les *Themata juridico-politica de legatis et legationibus*, thèses soutenues à Tubingue sous la présidence de Christophe Besold.

Chrétien Krembergh est l'auteur d'une dissertation : *De legationibus et legatis*, imprimée à Wittemberg en 1623. Chrétien Krembergh naquit en 1585; il étudia d'abord à Halle, puis à Wittemberg, où il devint docteur en droit en 1615 et où il pratiqua en qualité d'avocat. Il mourut en 1633.

Deux dissertations du théologien protestant Jean Gerhard, né en 1582, professeur à Iéna, mort en 1637, virent le jour en 1623. Elles portent comme titre : *An legati mandati fines transgredi liceat?* et *An legati munera accipere possint?* et figurent au tome IV des ***Discursus*** de Van Arum.

Jean de Chokier, né à Liége en 1571, étudia le droit à Louvain et ensuite à Orléans, où il devint docteur en droit civil et en droit canon. En 1620, il fut nommé chanoine de la cathédrale de Liége, puis vicaire général et, en 1632, abbé séculier de Saint-Hadelin, à Visé (1). Chokier écrivit le *Tractatus de legato*, qui parut à Cologne en 1624. L'ouvrage est dépourvu de valeur.

De 1624 date un important travail de Christophe Besold. Né en 1567, mort en 1638, Besold, professeur à Tubingue et à Ingolstadt, est l'un des plus illustres représentants de la science juridique et politique au XVIIe siècle. Il a écrit deux dissertations sur le droit d'ambassade et une *Dissertatio politico-juridica de fœderum jure ubi in simul de patrocinio et clientela ac item de neutralitate disputatur succincte*. L'étude dont nous avons à nous occuper est intitulée : *De legatis eorumque jure*. Nous n'avons pu nous la procurer, mais Zouch et Bynkershoek analysent les idées du professeur d'Ingolstadt (2). Après avoir suivi, dans la première de ses dissertations sur les ambassadeurs, la distinction du droit romain, Besold propose, dans son écrit de 1624, une autre distinction par rapport à la juridiction criminelle. Il distingue entre le devoir de l'homme, *officium hominis*, et le devoir de l'ambassadeur, *officium legati*; si l'ambassadeur pèche contre le droit de l'homme, Besold admet qu'on le punisse; s'il pèche contre le devoir de l'ambassadeur et qu'il y a lieu de croire que celui qui a envoyé l'ambassadeur ne le punira pas, il demande si l'on peut punir soi-même l'ambassadeur comme ennemi; mais, dit Bynkershoek, après avoir rapporté là-dessus différentes opinions de divers auteurs, il ne détermine rien lui-même.

En 1625 parut le traité de Grotius. Si nous résumons les opinions des écrivains antérieurs au grand publiciste hollandais, nous ne voyons

(1) *Biographie nationale publiée par l'Académie royale de Belgique*, v° Chokier (Jean).

(2) Zouch, ouvrage cité, p. 149 et 157. — Bynkershoek, ouvrage cité, p. 294.

guère que de très rares partisans de l'immunité complète de l'ambassadeur, et peu nombreux même sont les auteurs qui penchent vers l'immunité de l'ambassadeur en matière criminelle. Grotius, au contraire, dans les courtes pages où il s'occupa de notre sujet, introduisit la fiction de l'exterritorialité, et l'opinion, que le maître se contenta malheureusement d'exposer sommairement sans en peser toutes les conséquences et en restant dans un vague qu'on lui a reproché à juste titre, cette opinion, disons-nous, ne tarda pas à prendre le dessus. Sans doute, elle fut de temps en temps combattue, quelques écrivains la rejetèrent totalement, d'autres ne l'admirent qu'en partie, mais elle réunit, dans ses lignes générales, la majorité des suffrages, et avec elle s'ouvre une phase nouvelle pour l'histoire du droit de légation.

TABLE DES MATIÈRES.

I. — LA DIPLOMATIE ET LES AMBASSADES PERMANENTES.

II. — LE DROIT D'AMBASSADE JUSQU'À GROTIUS.

107

www.ingramcontent.com/pod-product-compliance
Lightning Source LLC
LaVergne TN
LVHW010054230826
846091LV00005B/1928